DON PEDRE,

ROI DE CASTILLE,

TRAGÉDIE.

ET AUTRES PIECES.

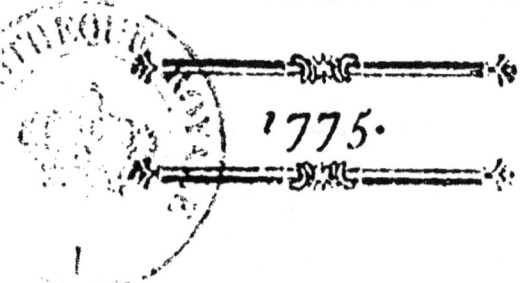

1775.

EPITRE

DÉDICATOIRE,

A MONSIEUR

D'ALEMBERT,

SECRÉTAIRE PERPÉTUEL DE L'ACADÉMIE FRANÇAISE, MEMBRE DE L'ACADÉMIE DES SCIENCES, &c.

Par l'Éditeur de la Tragédie de DON PEDRE.

MONSIEUR,

VOUS êtes assurément une de ces ames privilégiées dont l'auteur de Don Pedre parle dans son Discours (*). Vous êtes de ce petit nombre d'hommes

---

* Voyez le Discours historique & critique qui suit.

†

qui favent embellir l'efprit géométrique par l'efprit de la littérature. L'Académie Françaife a bien fenti en vous choififfant pour fon Secrétaire perpétuel, & en rendant cet hommage à la profondeur des mathématiques, qu'elle en rendait un autre au bon goût & à la vraie éloquence. Elle vous a jugé comme l'Académie des Sciences a jugé monfieur le marquis De Condorcet ; & tout le public a penfé comme ces deux Compagnies refpectables. Vous faites tous deux revivre ces anciens tems où les plus grands philofophes de la Grèce enfeignaient les principes de l'éloquence & de l'art dramatique.

Permettez, Monfieur, que je vous dédie la Tragédie de mon ami, qui étant actuellement trop éloigné de la France, ne peut avoir l'honneur de vous la préfenter lui-même. Si je mets votre nom à la tête de cette piéce, c'eft parce que j'ai cru voir en elle un air de vérité affez éloigné des lieux communs & de l'emphafe que vous réprouvez.

Le jeune auteur en y travaillant fous mes yeux il y a un mois, dans une petite ville, loin de tout fecours, n'était foutenu que par l'idée qu'il travaillait pour vous plaire,

Ut caneret paucis ignoto in pulvere verum.

Il n'a point ambitionné de donner cette piéce au théatre. Il fait très-bien qu'elle n'eft qu'une efquiffe ; mais les portraits ref-femblent : c'eft pourquoi il ne la préfente qu'aux hommes inftruits. Il me difait d'ail-leurs que le fuccès au théatre dépend en-tièrement d'un acteur ou d'une actrice ; mais qu'à la lecture il ne dépend que de l'arrêt équitable & févère d'un juge & d'un écrivain tel que vous. Il fait qu'un homme de goût ne tolère aujourd'hui ni déclama-tion ampoulée de rhétorique, ni fade dé-claration d'amour à ma princeffe, encor moins ces infipides barbaries en ftile vifi-got, qui déchirent l'oreille fans jamais par-ler à la raifon & au fentiment, deux cho-fes qu'il ne faut jamais féparer.

Il défefpérait de parvenir à être auffi correct que l'Académie l'exige , & auffi intéreffant que les loges le défirent. Il ne fe diffimulait pas la difficulté de conftruire une piéce d'intrigue & de caractère , & la difficulté encor plus grande de l'écrire en vers. Car enfin, Monfieur, les vers dans les langues modernes étant privés de cette mefure harmonieufe des deux feules belles langues de l'antiquité; il faut avouer que notre poefie ne peut fe foutenir que par la pureté continue du ftile.

Nous répétions fouvent enfemble ces deux vers de Boileau, qui doivent être la règle de tout homme qui parle ou qui écrit.

Sans la langue , en un mot , l'auteur le plus divin
Eft toujours quoi qu'il faffe un méchant écrivain.

Et nous entendions par les défauts du langage non-feulement les folécifmes & les barbarifmes dont le théatre a été infecté; mais l'obfcurité, l'impropriété , l'infuffifance, l'exagération, la fécherefse, la dureté , la baffeffe , l'enflure , l'incohérence des expreffions. Quiconque n'a pas évité continuellement tous ces écueils ne fera jamais compté parmi nos poëtes.

Ce n'eft que pour aprendre à écrire tolérablement en vers français , que nous nous fommes enhardis à offrir cet ouvrage à l'Académie en vous la dédiant. J'en ai fait imprimer très - peu d'exemplaires , comme dans un procès par écrit on préfente à fes juges quelques mémoires imprimés que le public lit rarement.

Je demande pour le jeune auteur l'arrêt de tous les Académiciens qui ont cultivé affiduement notre langue. Je commence par le philofophe inventeur qui ayant fait une defcription fi vraie & fi éloquente du corps humain , connait l'homme moral auffi bien qu'il obferve l'homme phyfique.

Je veux pour juge le philofophe profond qui a percé jufques dans l'origine de nos idées fans rien perdre de fa fenfibilité.

Je veux pour juge l'auteur du siège de Calais qui a communiqué son entousiasme à la nation, & qui ayant lui-même composé une tragédie de Don Pedre, doit regarder mon ami comme le sien, & non comme un rival.

Je veux pour juge l'auteur de Spartacus qui a vengé l'humanité dans cette piéce remplie de traits dignes du grand Corneille. Car la véritable gloire est dans l'approbation des maîtres de l'art. Vous avez dit que rarement un amateur raisonnera de l'art avec autant de lumière * qu'un habile artiste. Pour moi j'ai toujours vu que les artistes seuls rendaient une exacte justice... quand ils n'étaient pas jaloux.

. . . . C'est aux esprits bien faits
A voir la vertu pleine en ses moindres effets.
C'est d'eux seuls qu'on reçoit la véritable gloire. †

Et je vous avouerai que j'aimerais mieux le seul suffrage de celui qui a ressuscité le

* Essai sur les gens de lettres.
† Acte V. des Horaces.

ſtile de Racine dans Mélanie, que de me
voir aplaudi un mois de ſuite au théatre. *

Je préſente la tragédie de Don Pedre
à l'académicien qui a fait parler ſi dignement Béliſaire dans ſon admirable quin-
zième chapitre dicté par la vertu la plus
pure, comme par l'éloquence la plus vraie ;
& que tous les princes doivent lire pour
leur inſtruction, & pour notre bonheur.
Je la ſoumets à la ſaine critique de ceux
qui dans des diſcours couronnés par l'A-
cadémie ont apprétié avec tant de goût

---

* J'oſe dire hardiment que je n'ai point vu de
piéce mieux écrite que Mélanie. Ce mérite ſi rare
a été ſenti par les étrangers qui apprennent notre
langue par principes & par l'uſage. L'héritier de
la plus vaſte monarchie de notre hémiſphère,
étonné de n'entendre que très-difficilement le jar-
gon de quelques-uns de nos auteurs nouveaux, &
d'entendre avec autant de plaiſir que de facilité
cette piéce de Mélanie, & l'éloge de Fénélon, a
répandu ſur l'auteur les bienfaits les plus honora-
bles : il a fait par goût, ce que Louis XIV fit autrefois par un noble amour de la gloire.

† 4

les grands hommes du fiècle de Louis XIV. Je m'en remets entièrement à la décifion de l'auteur éclairé du poëme de la Peinture, qui feul a donné les vraies règles de l'art qu'il chante, & qui le connait à fond ainfi que celui de la poëfie.

Je m'en raporte au traducteur de Virgile, feul digne de le traduire parmi tous ceux qui l'ont tenté ; à l'illuftre auteur des faifons fi fupérieur à Thomfon & à fon fujet ; tous juges irréfragables dans l'art des vers très-peu connu, & qui ont été proclamés pour jamais dans le Temple de la gloire par les cris mêmes de l'envie.

Je fuis bien perfuadé que le jeune homme qui met fur la fcene Don Pedre & Guefclin, préférerait aux aplaudiffemens paffagers du parterre, l'approbation réfléchie de l'officier auffi inftruit de cet art que de celui de la guerre, qui ayant fait parler fi noblement le célébre connétable de Bourbon, & le plus célébre chevalier Bayard, a donné l'exemple à notre auteur de ne point prodiguer fa piéce fur le théatre.

Il fouhaite fans-doute, d'être jugé par le peintre de François premier, d'autant plus que ce favant & profond hiftorien fait mieux que perfonne que fi on dut appeller le roi Charles cinq *habile*, ce fut Henri de Tranflamare qu'on dût nommer *cruel*.

J'attends l'opinion des deux académiciens philofophes, vos dignes confrères (*) qui ont confondu de lâches & fots délateurs, par une réponfe auffi énergique que fage & délicate, & qui favent juger comme écrire.

Voilà, Monfieur, l'aréopage dont vous êtes l'organe, & par qui je voudrois être condamné ou abfous, fi jamais j'ofais faire

___

(*) *NB.* Il nous eft tombé entre les mains depuis peu une réponfe de M. l'abbé Arnaud à je ne fais qu'elle prétendue dénonciation de je ne fais quel prétendu théologien, devant je ne fais quel prétendu tribunal: Cette réponfe m'a paru très-fupérieure à tous les ouvrages polémiques de l'autre Arnaud.

à mon tour une tragédie, dans un tems
où les sujets des piéces de théatre sem-
blent épuisés; dans un tems où le public
est dégouté de tous ses plaisirs, qui pas-
sent comme ses affections; dans un tems
où l'art dramatique est prêt à tomber en
France après le grand siècle de Louis XIV?
& à être entièrement sacrifié aux ariettes,
comme il l'a été en Italie après le siècle
des Médicis.

Je vous dis à peu-près ce que disait
Horace.

Plotius & Varius Mæcenas Virgiliusque
Valgius & probet hæc Octavius ; optimus atque
Fuscus, & hæc utinam viscorum laudet uterque, &c.

Et voyez, s'il vous plait, comme Horace met Virgile à côté de Mécène. Ce
même sentiment échauffait Ovide dans
les glaces qui couvraient les bords du Pont
Euxin, lorsque dans sa derniere élégie *de*
ponto, il daigna essayer de faire rougir
un de ces misérables folliculaires qui insul-
tent à ceux qu'ils croient infortunés; &

qui font affez lâches pour calomnier un citoyen au bord de fon tombeau.

Combien de bons écrivains dans tous les genres, font-ils cités par Ovide dans cette élégie ! Comme il fe confole par le fuffrage des Cotta, des Meffala, des Tufcus, des Marius, des Graccus, des Varus, & de tant d'autres dont il confacre les noms à l'immortalité ! Comme il infpire pour lui la bienveillance de tout honnête homme, & l'horreur pour un regratier qui ne fait être que détracteur !

Le premier des poëtes italiens, & peut-être du monde entier, l'Ariofte *, nomme dans fon quarante fixieme chant, tous les gens de lettres de fon tems pour lefquels il travaillait, fans avoir pour objet la multitude. Il en nomme dix fois plus que je n'en défigne ; & l'Italie n'en trouva pas la lifte trop longue. Il n'oublie point les dames illuftres dont le fuffrage lui était fi cher.

---

* On ne le connait guères en France que par des traductions très-infipides en profe. C'eft le maître du Taffe & de la Fontaine.

Boileau , ce premier maître dans l'art
difficile des vers français , Boileau moins
galant que l'Ariofte , dit dans fa belle épi-
tre à fon ami l'inimitable Racine.

Et qu'importe à nos vers que Perrin les admire,
Que l'auteur de Jonas s'empreffe pour les lire?
Pourvu qu'ils fachent plaire au plus puiffant des rois,
Qu'à Chantilly Condé les life quelquefois,
Qu'Enguien en foit touché, que Colbert & Vivone,
Que la Rochefoucault , Marfillac & Pompone ,
Et cent autres qu'ici je ne puis faire entrer
A leurs traits délicats fe laiffent pénétrer.

J'avoue que j'aime mieux le *Mæcenas
Vigiliufque* dans Horace que le *plus puiffant des rois* dans Boileau; parce qu'il eft
plus beau, ce me femble, & plus honnête,
de mettre Virgile & le premier miniftre
de l'empire fur la même ligne , quand il
s'agit de goût , que de préférer le fuffrage
de Louis XIV & du grand Condé à celui
des Coras & des Perrins : ce qui n'était
pas un grand effort. Mais enfin, Monfieur,
vous voyez que depuis Horace , jufqu'à

EPITRE.

Boileau, la plûpart des grands poëtes ne cherchent à plaire qu'aux efprits bienfaits.

Puifque Boileau défirait avec tant d'ardeur l'approbation de l'immortel Colbert, pourquoi ne travaillerions-nous pas à mériter celle d'un homme qui a commencé fon miniftère mieux que lui, qui eft beaucoup plus inftruit que lui dans tous les arts que nous cultivons, & dont l'amitié vous a été fi précieufe depuis longtems, ainfi qu'à tous ceux qui ont eu le bonheur de le connaître? pourquoi n'ambitionnerions-nous pas les fuffrages de ceux qui ont rendu des fervices effentiels à la patrie, foit par une paix néceffaire, foit dans de très-belles actions à la guerre, ou par un mérite moins brillant & non moins utile dans les ambaffades, ou dans des parties effentielles du miniftère?

Si ce même Boileau travaillait pour plaire aux la Rochefoucaut de fon fiècle, nous blâmerait-on de fouhaiter le fuffrage des perfonnes qui font aujourd'hui tant d'honneur à ce nom ? à moins que nous ne fuffions tout-à-fait indignes d'occuper un moment leurs loifirs !

Y a-t-il un feul homme de lettres en France, qui ne fe fentît très-encouragé par le fuffrage de deux de vos confrères , dont l'un a femblé rappeller le fiècle des Médicis en cueillant les fleurs du Parnaffe avant de fiéger dans le Vatican , & l'autre dans un rang non moins illuftre eft toujours favorifé des mufes & des graces, lorfqu'il parle dans vos affemblées , & qu'il y lit fes ouvrages ? c'eft en ce fens qu'Horace a dit :

Principibus placuiffe viris non ultima laus eft.

Je dis dans le même fens à un homme d'un grand nom , auteur d'un livre profond de la félicité publique , mon ami doit être trop heureux fi vous ne défaprouvez pas Don Pedre; c'eft à vous de juger les rois & les connétables. J'en dis autant au ma-giftrat qui entre aujourd'hui dans l'Acadé-mie. Puiffe-t-il être chargé un jour du foin de cette félicité publique !

J'ajouterai encore que le divin Ariofto ne fe borne pas à nommer les hommes de fon tems qui fefaient honneur à l'Italie, & pour lefquels il écrivait. Il nomme l'illuftre Julie de Gonzague, & la veuve immortelle du marquis de Pefcara, & des princeffes de la maifon d'Eft & de Malatefta, & des Borgia, des Sforces, des Trivulces, & fur-tout des dames célèbres feulement par leur efprit, leur goût, & leurs talents. On en pourait faire autant en France, fi on avait un Ariofte. Je vous nommerais plus d'une dame dont le fuffrage doit décider avec vous du fort d'un ouvrage ; fi je ne craignais d'expofer leur mérite & leur modeftie aux farcafmes de quelques pédans groffiers, qui n'ont ni l'un ni l'autre, ou de quelques futiles petits maîtres qui penfent ridiculifer toute vertu par une plaifanterie.

Si un folliculaire dit que je n'ai donné de fi juftes éloges à ceux que je prends pour juges de mon ami, qu'afin de les lui rendre favorables , je réponds d'avance ; que je confirme ces éloges fi mon ami eft condamné. J'ai demandé pour lui une décifion & non des louanges.

Les folliculaires me diront encore que mon ami n'eft pas fi jeune ; mais je ne leur montrerai pas fon extrait batiftaire. Ils voudront déviner fon nom ; car c'eft un très-grand plaifir de fatirifer les gens en perfonne ; mais fon nom ne rendrait la piéce, ni meilleure, ni plus mauvaife.

Le vôtre, Monfieur , nous eft auffi cher que vous l'avez rendu illuftre. Et après votre amitié, vos ouvrages font la plus grande confolation de ma vie. Agréez ou pardonnez cet hommage.

DISCOURS

HISTORIQUE et CRITIQUE

fur la tragédie de DON PEDRE.

IL eſt très-inutile de ſavoir quel eſt le
jeune auteur de cette tragédie nouvelle, qui dans la foule des piéces de théatre
dont l'Europe eſt accablée, ne poura être
luë que d'un très-petit nombre d'amateurs
qui en parcoureront quelques pages. Lorſque l'art dramatique eſt parvenu à ſa perfection chez une nation éclairée, on le
néglige. On ſe tourne avec raiſon vers
d'autres études. Les Ariſtotes & les Platons
ſuccèdent aux Sophocles & aux Euripides.
Il eſt vrai que la philoſophie devrait former
le goût; mais ſouvent elle l'émouſſe; & ſi
vous exceptez quelques ames privilégiées,
quiconque eſt profondément occupé d'un
art, eſt d'ordinaire inſenſible à tout le reſte.

S'il eſt encor quelques eſprits qui conſentent à perdre une demi-heure dans la lecture d'une tragédie nouvelle, on doit leur dire d'abord que ce n'eſt point celle de M. du Belloy qu'on leur préſente. L'illuſtre auteur du ſiége de Calais a donné au théatre de Paris une tragédie de *Pierre le cruel*; mais ne l'a point imprimée. Il y a long-tems que l'auteur de Don Pedre avait eſquiſſé quelque choſe d'un plan de ce ſujet. M. du Belloy qui le ſut, eut la condeſcendance de lui écrire qu'il renonçait en ce cas à le traiter. Dès ce moment l'auteur de Don Pedre n'y penſa plus, & il n'y a travaillé ſur un plan nouveau, que ſur la fin de 1774, lorſque M. du Belloy a paru perſiſter à ne point publier ſon ouvrage.

Après ce petit éclairciſſement dont le ſeul but eſt de montrer les égards que ſe véritables gens de lettres ſe doivent, nous donnons ce diſcours hiſtorique & critique tel que nous l'avons de la main même de l'auteur de Don Pedre.

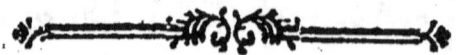

Henri de Tranftamare, l'un des nombreux bâtards du roi de Caftille Alphonfe onziéme du nom, fit à fon frère & à fon roi Don Pedre une guerre qui n'était qu'une révolte, en fe faifant déclarer roi légitime de Caftille par fa faction. Guefclin depuis connétable de France , l'aida dans cette entreprife.

Cet illuftre Guefclin était alors précifément ce qu'on appellait en Italie & en Efpagne un *Condottiero*. Il raffembla une troupe de bandits & de brigands, avec lefquels il rançonna d'abord le pape Urbain IV dans Avignon. Il fut entiérement défait à Navarette par le roi Don Pedre & par le grand prince noir, fouverain de Guienne, dont le nom eft immortel. C'était ce même prince qui avait pris le roi Jean à Poitiers, & qui prit du Guefclin à Navarette. Henri de Tranftamare s'enfuit en France. Cependant le parti des bâtards fubfifta toujours

en Efpagne. Tranflamare protégé par la
France, eut le crédit de faire excommunier
le roi fon frère par le pape qui fiégeait encor
dans Avignon, & qui depuis peu était lié
d'intérêt avec Charles V & avec le bâtard
de Caftille. Le roi Don Pedre fut folem-
nellement déclaré *Bulgare & incrédule* ; ce
font les termes de la fentence ; & ce qui
eft encor plus étrange, c'eft que le prétexte
était que le roi avait des maîtreffes.

Ces anathêmes étaient alors auffi communs que les intrigues d'amour chez les
excommuniés, & chez les excommunians ;
& ces amours fe mélaient aux guerres les
plus cruelles. Les armes des papes étaient
plus dangereufes qu'aujourd'hui. Les princes les plus adroits difpofaient de ces armes.
Tantôt des fouverains en étaient frappés,
& tantôt ils en frappaient. Les feigneurs
féodaux les achetaient à grand prix.

La déteftable éducation qu'on donnait
alors aux hommes de tout rang & fans rang,
& qu'on leur donna fi long-tems, en fit des

brutes féroces que le fanatifme déchaînait contre tous les gouvernemens. Les princes fe fefaient un devoir facré de l'ufurpation. Un refcrit donné dans une ville d'Italie en une langue ignorée de la multitude, conférait un royaume en Efpagne & en Norvège ; & les raviffeurs des états , les déprédateurs les plus inhumains , plongés dans tous les crimes, étaient réputés faints, & fouvent invoqués quand ils s'étaient fait revêtir en mourant d'une robe de frère prêcheur, ou de frère mineur.

Monfieur Thomas dans fon difcours à l'Académie, a dit : *Que les tems d'ignorance furent toujours les tems des férocités.* J'aime à repéter des paroles fi vrayes, dont il vaut mieux être l'écho que le plagiaire.

Tranftamare revint en Efpagne une bulle dans une main, & l'épée dans l'autre. Il y ranima fon parti. Le grand prince noir était malade à la mort dans Bordeaux ; il ne pouvait plus fecourir Don Pedre.

A 3

Guefclin fut envoyé une feconde fois en Efpagne par le roi Charles V, qui profitai du trifte état où le prince noir était réduit. Guefclin prit Don Pedre prifonnier dans la bataille de Montiet entre Tolède & Séville. Ce fut immédiatement après cette journée que Henri de Tranftamare entrant dans la tente de Guefclin, où l'on gardait le roi fon frère défarmé, s'écria, *Où eft ce juif fils de p...qui fe difait roi de Caftille ;* & il l'affaffina à coups de poignard.

L'affaffin qui n'avait d'autre droit à la couronne que d'être lui-même ce juif bâtard, titre qu'il ofait donner au roi légitime, fut cependant reconnu roi de Caftille ; & fa maifon a régné toujours en Efpagne, foit dans la ligne mafculine, foit par les femmes.

Il ne faut pas s'étonner après cela, fi les hiftoriens ont pris le parti du vainqueur contre le vaincu. Ceux qui ont écrit l'hiftoire en Efpagne & en France, n'ont pas été des Tacites ; & Mr. Horace Wal-

pole, envoyé d'Angleterre en Espagne,
a eu bien raison de dire dans ses doutes
sur Richard III, comme nous l'avons remarqué ailleurs : *Quand un Roi heureux
accuse ses ennemis, tous les historiens
s'empressent de lui servir de témoins.* Telle
est la faiblesse de trop de gens de lettres ;
non qu'ils soient plus lâches & plus bas
que les courtisans d'un prince, criminel
& heureux ; mais leurs lâchetés sont du-
rables.

Si quelque vieux leude de Charlemagne
s'avisait autrefois de lire un manuscrit de
Frédegaire, ou du moine de S. Gal, il pouvait s'écrier, ah ! le menteur ! mais il s'en
tenait là ; personne ne relevait l'ignorance
& l'absurdité du moine ; il était cité dans
les siécles suivans ; il devenait une autorité,
& Don Ruinart rapportait son témoignage
dans ses actes sincères. C'est ainsi que toutes les légendes du moyen âge sont rem-
plies des plus ridicules fables ; & l'histoire
ancienne assurément n'en est pas exempte.

Ceux qui mentent ainſi au genre-humain, ſont encor animés ſouvent par la ſottiſe de la rivalité nationale. Il n'y a guères d'hiſtorien Anglais qui ait manqué l'occaſion de faire la ſatyre des Français, & quelquefois avec une groſſiéreté ridicule. Véli & Villaret dénigrent les Anglais autant qu'ils le peuvent. Mezeray n'épargna jamais les Eſpagnols, un Tite-Live ne pouvait connaître cette partialité ; il vivait dans un tems où ſa nation exiſtait ſeule dans le monde connu ; *Romanos rerum dominos* ; toutes les autres étaient à ſes pieds. Mais aujourd'hui que notre Europe eſt partagée entre tant de dominations qui ſe balancent toutes ; aujourd'hui que tant de peuples ont leurs grands-hommes en tout genre, quiconque veut trop flatter ſon pays court riſque de déplaire aux autres, ſi par hazard il en eſt lu ; & doit peu s'attendre à la reconnaiſſance du ſien. On n'a jamais tant aimé la vérité que dans ce tems-ci. Il ne reſte plus qu'à la trouver.

Dans les querelles qui fe font élevées fi fouvent entre toutes les cours de l'Europe, il eſt bien difficile de découvrir de quel côté eſt le droit ; & quand on l'a reconnu, il eſt dangereux de le dire. La critique qui aurait dû depuis près d'un fiécle, détruire les préjugés fous leſquels l'hiſtoire eſt défigurée, a fervi plus d'une fois à fubſtituer de nouvelles erreurs aux anciennes. On a tant fait que tout eſt devenu problémati-que, depuis la loi falique juſqu'au fyſtême de Laſs ; & à force de creufer, nous ne fa-vons plus où nous en fommes.

Nous ne connaiſſons pas feulement l'é-poque de la création des fept électeurs en Allemagne , du parlement en Angleterre, de la pairie en France. Il n'y a pas une feule maifon fouveraine dont on puiſſe fixer l'origine. C'eſt dans l'hiſtoire que le chaos eſt le commencement de tout. Qui poura remonter à la fource de nos ufages & de nos opinions populaires ?

Pourquoi donna-t-on le furnom de *Jean*

le bon à ce roi Jean qui commença son régne par faire mourir en sa présence son
connétable sans forme de procès ; qui affaffina quatre principaux chevaliers dans
Rouen ; qui se conduifit si misérablement
pendant tout son régne ; qui perdit la moitié de son royaume & qui ruina l'autre ?
Pourquoi donna-t-on à ce Don Pedre roi
légitime de Caftille, le nom de *cruel*, qu'il
fallait donner au bâtard Henri de Tranftamare affaffin de Don Pedre & ufurpateur ?
Pourquoi appella-t-on *bien-aimé* ce malheureux Charles VI qui deshérita son fils
en faveur d'un étranger, ennemi & op-
preffeur de sa nation, & qui plongea tout
l'état dans la fubverfion la plus horrible
dont on ait confervé la mémoire ? Tous
ces furnoms, ou plutôt tous ces fobriquets
que les hiftoriens répètent encor fans y at-
tacher de fens, ne viennent-ils pas de la
même caufe qui fait qu'un marguillier qui
ne fait pas lire, répète les noms d'Albert le
grand, de Grégoire Thaumaturge, de Ju-

lien l'apoſtat, ſans ſavoir ce que ces noms
ſignifient ? Telle ville fut appellée la ſainte
ou la ſuperbe, dans laquelle il n'y eut ni
ſainteté ni grandeur. Tel vaiſſeau fut nommé le foudroyant, l'invincible, qui fut pris
en ſortant du port.

L'hiſtoire n'ayant donc été trop ſouvent
que le récit des fables & des préjugés ;
quand on entreprend une tragédie tirée de
l'hiſtoire, que fait-on ? l'auteur choiſit la
fable ou le préjugé qui lui plait davantage ;
celui-ci dans ſa piéce poura regarder Scevola comme le reſpeætable vengeur de la
liberté publique, comme un héros qui punit ſa main de s'être mépriſe en tuant un
autre que le fatal ennemi de Rome. Celui-
là poura ne ſe repréſenter Scevola que
comme un vil eſpion, un aſſaſſin fanatique,
un Poltrot, un Baltazar Gerard. Tel Eſpa-
gnol ne verra dans François I. qu'un capitaine très-courageux & très-imprudent,
vaincu par ſa faute, & manquant à ſa parole. Un profeſſeur du Collège-Royal le

mettra dans le ciel pour avoir protégé les lettres. Un luthérien d'Allemagne le plongera en enfer pour avoir fait brûler des luthériens dans Paris, tandis qu'il les foudoyait dans l'Empire. Et si les ex-jésuites font encore des piéces de théatre, ils ne manqueront pas de dire avec Daniel; *qu'il aurait fait aussi brûler le dauphin, si ce dauphin n'avait pas cru aux indulgences, tant ce grand roi avait de piété.*

Nous avons une tragi-comédie espagnole, où Pierre, que nous appellons le *cruel*, n'est jamais appellé que le *justicier*, titre que lui donna toujours Philippe II. J'ai connu un jeune homme qui avait fait une tragédie d'Adonias & de Salomon. Il y représentait Salomon comme le plus barbare & le plus lâche de tous les parricides ou fratricides. Savez-vous bien, lui dit-on, que le Seigneur dans un songe, lui donna la sagesse? Cela peut être, dit-il, mais il ne lui donna pas l'humanité à son réveil.

Il y a des déclamations de collèges fous le nom d'histoires ou de drames, ou fous d'autres noms, dans lesquelles la nation qu'on célèbre est toujours la première du monde ; fes foldats mal payés, les premiers héros du monde, quoiqu'ils fe foient enfuis. La ville capitale, qui n'avait guères que des maisons de bois, la première ville du monde ; le fauteuil à clous dorés fur lequel un Roi Goth ou Alain s'affeïait, le premier trône du monde : & l'auteur qui fe croit le premier dans fa fphère, ferait alors, peut-être le plus fot homme du monde, s'il ne fe trouvait des gens encor plus fots, qui font pour vingt fous la critique raifonnée de la piéce nouvelle ; critique, qui s'en va demain avec la piéce dans l'abîme de l'éternel oubli.

On élève auffi quelquefois au ciel d'anciens chevaliers défenfeurs, ou oppreffeurs des femmes & des églifes, fuperftitieux & débauchés, tantôt voleurs, tantôt prodigues, combattant à outrance les uns contre

les autres pour l'honneur de quelques prin-
ceſſes qui avaient très-peu d'honneur. Tout
ce qu'on peut faire de mieux (ce me ſemble) quand on s'amuſe à les mettre ſur la
ſcène, c'eſt de dire avec Horace ,

Seditione dolis, ſcelere , atque libidine, & ira.
Illiacos intra muros peccatur & extra.

PERSONNAGES.

DON PEDRE, roi de Caſtille.

TRANSTAMARE, frère du roi, bâtard légitimé.

DU GUESCLIN, général de l'armée françaiſe.

LÉONORE DE LA CERDA, princeſſe du ſang.

ELVIRE, confidente de Léonore.

ALMÉDE,
MENDOSE,
ALVARE, } Officiers Eſpagnols.
MONCADE,
Suite.

La ſcène eſt dans le palais de Tolède.

DON PEDRE,
ROI DE CASTILLE,
TRAGÉDIE.

ACTE PREMIER.

SCENE PREMIERE.

TRANSTAMARE, ALMÉDE.

TRANSTAMARE,

DE la cour de Vincenne, aux remparts de Toléde

Tu m'es enfin rendu, cher, & prudent Alméde.

Reverrais-je en ces lieux ce brave Du Guesclin ?

ALMÉDE.

Il vient vous seconder.

TRANSTAMARE.

Ce mot fait mon destin.

Pour soutenir ma cause & me venger d'un frère,

Le secours des Français m'est encor nécessaire.

B

Des révolutions voici le tems fatal.
J'attends tout du roi Charle & de son général.
Qu'as-tu vu, qu'a-t-on fait? dis-moi ce qu'on prépare
Dans la cour de Vincenne au prince Transtamare ?

A L M É D E.

Charle était incertain. J'ai longtems attendu
L'effet d'un grand projet qu'on tenait suspendu.
Le monarque éclairé, prudent avec courage,
(Chez les bouillans français peut-être le seul sage)
A tous ses courtisans dérobant ses secrets,
A pesé mes raisons avec ses intérêts.
Enfin il vous protége ; & sur le bord du Tage
Ce valeureux Guesclin, ce héros de notre âge,
Suivi de son armée arrive sur mes pas.

T R A N S T A M A R E.

Je dois tout à son roi.

A L M É D E.

Ne vous y trompez pas.
Charle, en vous soutenant au bord du précipice,
Vous tend par politique une main protectrice ;
Et divisant l'Espagne afin de l'affaiblir
Il veut frapper Don Pedre autant que vous servir.
Pour son intérêt seul il entreprend la guerre.
Don Pédre eut pour appui la superbe Angleterre,
Le fameux prince noir était son protecteur ;
Mais ce guerrier terrible & de Guesclin vainqueur,

Au milieu de fa gloire achevant fa carriére,
Aproche dans Bordeaux de fon heure derniére.
Son génie accablait & la France & Guefclin ;
Et quand des jours fi beaux touchent à leur déclin,
Ce français, dont le bras aujourd'hui vous feconde,
Demeure avec éclat feul en fpectacle au monde.
Charle a choifi ce tems. L'anglais tombe épuifé ;
L'Empire a trente rois, & languit divifé ;
L'efpagnol eft en proye à la guerre civile ;
Charle eft le feul puiffant : & d'un efprit tranquile
Ebranlant à fon gré tous les autres Etats,
Il triomphe à Paris fans employer fon bras.

TRANSTAMARE.

Qu'il exerce à loifir fa politique habile ;
Qu'il foit prudent, heureux; mais qu'il me foit utile.

ALMÉDE.

Il vous promet Valence, & les vaftes païs
Que vous laiffait un père, & qu'on vous a ravis.
Il vous promet furtout la main de Léonore,
Dont l'hymen a vos droits va réunir encore
Ceux qui lui font tranfmis par les rois fes ayeux.

TRANSTAMARE.

Léonore eft le bien le plus cher à mes yeux.
Mon père, tu le fais, voulut que l'himénée
Fit revivre par moi les rois dont elle eft née.
Il avait gagné Rome, elle approuvait fon choix,

Et l'Efpagne à genoux reconnaiffait mes droits.
Dans un afyle faint Léonore enfermée
Fuiait les factions de Toléde allarmée ;
Elle fuiait Don Pédre. — Il la fait enlever.
De mes biens, en tout tems ardent à me priver,
Il la retient ici captive avec fa mère.
Voudrait-il feulement l'arracher à fon frère ?
Croit-il , de tant d'objets trop heureux féducteur
De ce cœur fimple & vrai corrompre la candeur ?
Craindrait-il en fecret les droits que Léonore
Au trône Caftillan peut conferver encore ?
Prétend-il l'époufer, ou d'un nouvel amour
Etaler le fcandale à fon indigne cour ?
Veut-il des La Cerda deshonorer la fille ,
La trainer en triomphe après Laure & Padille ?
Et d'un peuple opprimé bravant les vains foupirs
Infulter aux humains du fein de fes plaifirs ?

ALMÉDE.

Les femmes en tous lieux fouveraines fuprêmes ,
Ont égaré des rois ; & les cours font les mêmes.
Mais peut être Guefclin dédaignera d'entrer
Dans ces petits débats qu'il femblait ignorer.
Son efprit mâle & ferme, & même un peu fauvage,
Des faibleffes d'amour entend peu le langage.
Honoré par fon Roi du nom d'ambaffadeur
Il foutiendra vos droits avant que fa valeur

Se ferve ici pour vous , dignement occupée
Des dernieres raifons , les canons & l'épée.
Mais jufques-là Don Pedre eft le maître en ces lieux.

TRANSTAMARE.

Lui le maître ! ah ! bientôt tu nous connaitras
    mieux.
Il veut l'être en effet ; mais un pouvoir fuprême
S'éléve & s'affermit au-deffus du roi même.
Dans fon propre palais les états convoqués
Se font en ma faveur hautement expliqués ;
Le fénat Caftillan me promet fon fuffrage.
    A Don Pedre égalé , je n'ai pas l'avantage
D'être né d'un himen approuvé par la loi ;
Mais tu fais qu'en Europe on a vu plus d'un roi ,
Par foi-même élevé faire oublier l'injure
Qu'une loi trop injufte a faite à la nature.
Tout eft au plus heureux , & c'eft la loi du fort.
Un bâtard échapé des pirates du Nord ,
A foumis l'Angleterre , & malgré tous leurs crimes
Ses heureux defcendants font des rois légitimes ;
J'ofe attendre en Efpagne un auffi grand deftin.

ALMÉDE.

Guefclin en eft le maître ; & je me flatte enfin ,
Que Don Pedre à vos pieds peut tomber de fon
    trône ,
Si le français l'attaque , & l'anglais l'abandonne.

B 3

TRANSTAMARE.

Tout annonce ſa chûte ; on a ſu ſoulever
Les eſprits mécontents qu'il n'a pu captiver.
L'opinion publique eſt une arme puiſſante ;
J'en aiguiſe les traits. La ligue menaçante
Ne voit plus dans ſon roi qu'un tiran criminel ;
Il n'eſt plus déſigné que du nom de cruel ;
Ne me demande point ſi c'eſt avec juſtice ;
Il faut qu'on le déteſte afin qu'on le puniſſe.
La haine eſt ſans ſcrupule : un peuple révolté
Ecoute les rumeurs , & non la vérité.
On avilit ſes mœurs , on noircit ſa conduite ,
On le rend odieux à l'Europe ſéduite ;
On le pourſuit dans Rome à ce vieux tribunal ,
Qui par un long abus , peut-être trop fatal ,
Sur tant de ſouverains étend ſon vaſte empire.
Je l'y fais condamner ; & je puis te prédire
Que tu verras l'Eſpagne en ſa crédulité
Exécuter l'arrêt dès qu'il ſera porté :
Mais un ſoin plus preſſant m'agite & me dévore.
A ſes ſacrés autels il ravit Léonore :
De cette cour profane il faut bien la ſauver.
Arrachons-la des mains qui m'en oſent priver.
Sans doute , il s'eſt flatté du grand art de ſéduire,
De ſa vaine beauté , de ce frivole empire
Qu'il eut ſur tant de cœurs aiſés à conquérir ,

Tout cet éclat trompeur avec lui va périr.
Peut-être qu'aujourd'hui la guerre déclarée
Vers la princeſſe ici m'interdirait l'entrée.
Profitons du ſeul jour où je puis l'enlever.
Va m'attendre au ſénat ; je cours t'y retrouver ;
Nous y concerterons tout ce que je dois faire
Pour ravir Léonore & le trône à ſon frère.
La voici. Le deſtin favoriſe mes vœux.

SCENE II.

TRANSTAMARE, LÉONORE, ELVIRE.

LÉONORE.

PRince, en ces tems de trouble, en ces jours
    malheureux
Je n'ai que ce moment pour vous parler encore.
Bientôt vous connaîtrez ce qu'était Léonore,
Qu'elle était ſa conduite, & ſon nouveau devoir ;
Mais au palais du roi gardez de me revoir.
Je veux, je dois ſauver d'une guerre inteſtine
Et vous, & tout l'état penchant vers ſa ruine.
Le roi vient ſur mes pas ; j'ignore ſes projets ;
Il donne en frémiſſant quelques ordres ſecrets ;
Il vous nomme, il s'emporte ; & vous devez con-
    naître
Quel ſort on ſe prépare en luttant contre un maître.

Je vous en avertis. Epargnez à fes yeux
D'un fuperbe ennemi l'afpect injurieux.
C'eft ma feule priére.

TRANSTAMARE.

Ah ! qu'ofez-vous me dire ?

LÉONORE.

Ce que je dois penfer , ce que le ciel m'infpire.

TRANSTAMARE.

Quoi ! vous que ce ciel même a fait naître pour
　　moi,
Dont mon père en mourant me deftina la foi,
Vous dont Rome & la France ont conclut l'hi-
　　ménée ,
Vous que l'Europe entière à moi feul a donnée ,
Je ne vous reverrais que pour vous éviter ?
Vous ne me parleriez que pour mieux m'écarter !

LÉONORE.

Le devoir , la raifon , votre intérêt l'exige.
Tout ce que j'aperçois m'épouvante & m'afflige.
Seigneur, d'affez de fang nos champs font inondés,
Et vous devez fentir ce que vous hazardés.

TRANSTAMARE.

Je fais bien que Don Pedre eft injufte , intraitable,
Qu'il peut m'affaffiner.

LÉONORE

Il en eft incapable.
A l'infulter ainfi c'eft trop vous appliquer.

Puiſſe enfin la nature à tous deux s'expliquer !
Elle parle par moi, ſeigneur, je vous conjure
De ne point faire au roi cette nouvelle injure.
Ménagez, évitez, votre frère offenſé
Violent comme vous, profondément bleſſé.
Ne vous efforcez point de le rendre implacable ;
Laiſſez-moi l'appaiſer,

TRANSTAMARE.

Non, chaque mot m'accable.
Je vous parle des nœuds qui nous ont engagés ;
Et vous me répondez que vous me protégés !
Je ne vous connais plus. Que cette cour altère
Vos premiers ſentimens & votre caractère !

LÉONORE.

Mes juſtes ſentimens ne ſont point démentis ;
Je chérirai le ſang dont nous ſommes ſortis,
Et les rois nos ayeux vivront dans ma mémoire.
Pour la dernière fois ſi vous daignez m'en croire,
Dans ſon propre palais gardez-vous d'outrager
Celui qui règne encor, & qui peut ſe venger.

TRANSTAMARE.

Que vous importe à vous que mon aſpect l'offenſe ?

LÉONORE.

Je veux qu'envers un frère il uſe de clémence.

TRANSTAMARE.

La clémence en Don Pédre ! épargnez vous ce ſoin.

De la mienne bientôt il peut avoir befoin ,
Je n'en dirai pas plus ; mais quoique j'exécute
Léonore eft un bien qu'un tiran me difpute :
Je n'ai rien entrepris que pour vous poffeder ;
Vous me verrez mourir plutôt que vous céder.
Vous me verrez , Madame.

(*il fort*)

SCENE III.

LÉONORE, ELVIRE.

LÉONORE.

Ou me fuis-je engagée ?

ELVIRE.

Je frémis des périls où vous êtes plongée ,
Entre deux ennemis qui s'égorgeant pour vous
Pouront dans le combat vous percer de leurs
    coups.
Promife à Tranftamare , à fon frère donnée ,
Prête à former ces nœuds d'un fecret hymenée ,
Dans l'orage qui gronde en ce trifte féjour
Quelle cruelle fête , & quel tems pour l'amour !

LÉONORE.

Elvire , il faut t'ouvrir mon ame toute entière.
Je voulais confacrer ma pénible carrière

Au vénérable azile où dans mes premiers jours
J'avais gouté la paix loin des perfides cours.
Le fombre Tranftamare en cherchant à me plaire,
M'attachait encor plus à ma retraite auftère.
D'une mère fur moi tu connais le pouvoir ;
Elle a détruit ma paix , & changé mon devoir.
Dans les diffentions de l'Efpagne affligée ,
Au parti de Don Pedre en fecret engagée ,
Pleine de cet orgueil qu'elle tient de fon fang
Elle me précipite en ce fuprême rang :
Elle me donne au roi. Le puiffant Tranftamare
Ne pardonnera point le coup qu'on lui prépare.
Je replonge l'Efpagne en un trouble nouveau ;
De la guerre en tremblant j'allume le flambeau,
Moi, qui de tout mon fang aürais voulu l'éteindre.
Plus on croit m'élever plus ma chûte eft à craindre.
Le roi qui voit l'Etat contre lui conjuré ,
Cache encor mon fecret dans Toléde ignoré.
Notre cour le foupçonne , & parait incertaine.
Je me vois expofée à la publique haine ,
Aux fureurs des partis , aux bruits calomnieux :
Et de quelques côtés , que je tourne les yeux ,
Ce trône m'épouvante.

ELVIRE.

Ou je fuis abufée,
Ou votre ame à ce choix ne s'eft point oppofée.

Si les périls font grands , fi dans tous les états
Les cours ont leurs dangers , le trône a fes appas.

LÉONORE.

Jamais le rang du roi n'éblouit ma jeuneffe.
Peut-être que mon cœur avec trop de faibleffe
Admira fa valeur & fes grands fentimens.
Je fais quel fut l'excès de fes égaremens ,
J'en frémis; mais fon ame eft noble & généreufe.
Elvire , elle eft fenfible autant qu'impétueufe.
Et s'il m'aime en effet , j'ofe encor efpérer
Que des jours moins affreux pourront nous éclairer.
L'augufte La Cerda , dont le ciel me fit naître
M'infpira ce projet en me donnant un maître.
Ah ! fi le roi voulait , fi je pouvais un jour
Voir ce trône ébranlé r'affermi par l'amour !
Si comme je l'ai cru les femmes étaient nées
Pour calmer des efprits les fougues effrénées ,
Pour faire aimer la paix aux féroces humains,
Pour émouffer le fer en leurs fanglantes mains !
Voilà ma paffion , mon efpoir & ma gloire.

ELVIRE.

Puiffiez-vous remporter cette illuftre victoire !
Mais elle eft bien douteufe ; & je vous vois marcher
Sur des feux que la cendre à peine a pu cacher.

LÉONORE.

J'ai peu vu cette cour , Elvire , & je l'abhorre.

Quel séjour orageux ! mais il se peut encore,
Que dans le cœur du roi je réveille aujourd'hui
Les premieres vertus qu'on admirait en lui.
Ses maîtresses peut-être ont corrompu son ame;
Le fond en était pur.

ELVIRE.

Il vient à vous, madame,
Osez donc parler.

SCENE IV.

DON PEDRE, LÉONORE, ELVIRE,

LÉONORE.

SIre, ou plutôt cher époux,
Souffrez que Léonore embrasse vos genoux.

(il la retient)

Ma mère est votre sang, & sa main m'a donnée
Au maître généreux qui fait ma destinée.
Vous avez exigé qu'aux yeux de votre cour
Ce grand événement se cache encor un jour ;
Mais vous m'avez promis de m'accorder la grace
Qu'implorerait de vous mon excusable audace.
Puis-je la demander ?

DON PEDRE.

N'ayez point la rigueur

De douter d'un empire établi fur mon cœur.

Votre couronnement d'un feul jour fe différe ;

Il me faut ménager un fénat téméraire,

Un peuple effarouché : mais ne redoutez rien.

Parlez, qu'exigez-vous ?

LÉONORE.

Vôtre bonheur, le mien.

Celui de la Caftille, une paix néceffaire.

Seigneur, vous le favez, la princeffe ma mère

M'a remife en vos mains dans un efpoir fi beau.

Les ans & les chagrins l'approchent du tombeau.

Je joins ici ma voix à fa voix expirante.

Comme elle en ces momens la patrie eft mourante.

La difcorde en fureur en ces lieux allarmés

Peut fe calmer encor, feigneur, fi vous m'aimés.

Ne m'ouvrez point au trône un horrible paffage

Parmi des flots de fang, au milieu du carnage,

Et puiffent vos fujets béniffant votre loi

Par vous rendus heureux vous aimer comme moi !

DON PEDRE.

Plus que vous ne penfez votre difcours me touche.

La raifon, la vertu parlent par votre bouche.

Hélas ! vous êtes jeune ; & vous ne favez pas

Qu'un roi qui fait le bien ne fait que des ingrats.

Allez, des factieux n'aiment jamais leur maître.

Quoiqu'il puiffe arriver, je le fuis, je veux l'être.

Ils fubiront mes loix; mais daignez m'en donner;
Vous pouvez tout fur moi, que faut-il?

LÉONORE.

Pardonner.

DON PEDRE.

A qui!

LÉONORE.

Puis-je le dire?

DON PEDRE.

Eh bien!

LÉONORE.

A Tranftamare.

DON PEDRE.

Quoi! vous me prononcez le nom de ce barbare!
Du criminel objet de mon jufte couroux!

LÉONORE.

Peut-être il eft puni puifque je fuis à vous.
Alphonfe votre père à fa main m'a promife,
Il lui donna Valence, & vous l'avez conquife.
Je lui portais pour dot d'affez vaftes états.
Il les efpére encor, & n'en jouïra pas.
Sire, je ne veux point que la France jaloufe,
Votre fénat, les grands, accufent votre époufe
D'avoir immolé tout à fon ambition,
Et de n'être en vos bras que par la trahifon.
De ces foupçons affreux la trifte ignominie
Empoifonnerait trop ma malheureufe vie.

DON PEDRE.

Ecoutez, je vous aime : & ce facré lien
En vous donnant à moi joint votre honneur au mien;
Sachez qu'il n'eft ici de perfide & de traître
Que ce prince rebelle, & qui s'obftine à l'être.
Trompé par une femme, & par l'âge affaibli,
Mettant près du tombeau tous mes droits en oubli,
Alphonfe mauvais roi, non moins que mauvais père
(Car je parle fans feinte, & ma bouche eft fincère.)
Alphonfe en égalant fon bâtard à fon fils,
Nous fit imprudemment pour jamais ennemis.
D'une province entiére on fefait fon partage ;
La moitié de mon trône était fon héritage.
Que dis-je ! on vous donnait !—plus jufte poffeffeur,
J'ai repris tous mes biens des mains du raviffeur.
Le traître avec Guefclin vaincu dans Navarette,
Par une fauffe paix réparant fa défaite
Attire à fon parti nos peuples aveuglés.
Il impofe au fénat, aux états affemblés ;
Faible dans les combats, puiffant dans les intrigues,
Artifan ténébreux de fraudes & de brigues,
Il domine en fecret dans mon propre palais.
Il croit déja régner. — ne me parlez jamais
De ce dangereux fourbe & de ce téméraire,
Ceffez

LÉO.

LÉONORE.

Je vous parlais, seigneur, de votre frère.

DON PEDRE.

Mon frère ! Tranftamare ! — Il doit n'être à vos
  yeux
Qu'un opprobre nouveau du fang de nos ayeux,
Un enfant d'adultère, un rejetton du crime ;
Et l'étrange intérêt qui pour lui vous anime,
Eft un coup plus cruel à mon efprit bleffé
Que tous fes attentats qui m'ont trop offenfé.

LÉONORE.

De quoi vous plaignez-vous quand je le facrifie,
Quand vous donnant mon cœur & hazardant ma
  vie,
Mon fort à vos deftins s'abandonne aujourd'hui ?
Ma tendreffe pour vous, & ma pitié pour lui
A vos yeux irrités feraient-ils une offenfe ?
Je vous vois menacé des armes de la France ;
Les états, le fénat, unis contre vos droits
Elévent contre vous leur redoutable voix.
M'eft-il donc défendu de craindre un tel orage ?

DON PEDRE.

Non, mais raffurez-vous, du moins fur mon courage.

LÉONORE.

Vous n'en avez que trop ; & dans ces jours affreux
Ce courage, peut-être, eft funefte à tous deux.

C

DON PEDRE.

Rien n'eft funefte aux rois que leur propre faibleffe.

LÉONORE.

Ainfi votre refus rebute ma tendreffe !
A peine l'himenée eft prêt de nous unir
Je vous déplais, feigneur, en voulant vous fervir.

DON PEDRE.

Allez plaindre Don Pedre, & flatter Tranftamare.

LÉONORE.

Ah ! vous ne craignez point que mon efprit s'égare
Jufqu'à le comparer à Don Pedre, à mon roi.
Je vous parlais pour vous, pour l'Efpagne & pour
   moi :
Je vois qu'il faut fufpendre une plainte indifcrete,
Qu'une femme eft efclave, & qu'elle n'eft point faite
Pour fe jetter, feigneur, entre le peuple & vous.
J'ai cru que la priére appaifait le couroux ;
Qu'on pouvait oppofer à vos armes fanglantes
De la compaffion les larmes innocentes. —
Mais je dois refpecter de fi grands intérêts. —
J'avais trop préfumé. — Je fors, & je me tais.

                (elle fort)

SCENE V.

DON PEDRE *seul.*

Qu'une telle démarche & m'étonne, & m'of-
  fense !
Tranſtamare avec elle eſt-il d'intelligence ?
M'aurait-elle trompé ſous le voile impoſteur
Qui faſcinait mes yeux par ſa fauſſe candeur ?
Croit-elle en abuſant du pouvoir de ſes charmes,
Vaincre par ſa faibleſſe, & m'arracher mes armes ?
Eſt-ce amour ? Eſt-ce crainte ? Eſt-ce une trahiſon ?
Quels nouveaux attentats confondent ma raiſon !
Régnai-je, juſte ciel ! & reſpirai-je encore ?
Tout m'abandonnerait !— & juſqu'à Léonore !—
Non, — je ne le crois point. — mais mon cœur
  eſt percé.
  Monarque malheureux, amant trop offenſé ;
Oppoſe à tant d'aſſauts un cœur inébranlable ;
Mais ſur-tout garde-toi de la trouver coupable.

ACTE II.

SCENE PREMIERE.

LÉONORE, ELVIRE.

LÉONORE.

JE n'avais pas connu jusqu'à ce triste jour
Le danger d'être simple , & d'ignorer la cour.
Je vois trop qu'en effet il est des conjonctures
Où les cœurs les plus droits, les vertus les plus pures,
Ne servent qu'à produire un indigne soupçon.
Dans ces tems malheureux tout se tourne en poison.
Au fond de mes déserts pourquoi m'a-t-on cherchée?
Au séjour de la paix pourquoi suis-je arrachée?
Ah ! si l'on connaissait le néant des grandeurs
Leurs tristes vanités, leurs fantômes trompeurs,
Qu'on en détesterait le brillant esclavage !

ELVIRE.

Ne pensez qu'à Don Pedre, au nœud qui vous en-
    gage ,
Songez que dans ces tems de trouble & de terreur
De lui seul après tout dépend votre bonheur.

LÉONORE.

Le bonheur ! ah ! quel mot ta bouche me prononce !

Le bonheur ! à nos yeux l'illusion l'annonce,
L'illusion l'emporte & s'enfuit loin de nous.
Mon malheur, chère Elvire, est d'aimer mon
     époux ;
Il m'entraine en tombant, il me rend la victime
D'un peuple qui le hait, d'un sénat qui l'opprime,
De Transtamare enfin, dont la témérité
Ose me reprocher une infidélité.
Comme si de mon cœur s'étant rendu le maitre,
Par ma lâche inconstance il eut cessé de l'être,
Et si déja formée aux vices de la cour,
Je trahissais ma foi par un nouvel amour !
C'est là surtout, c'est là l'insuportable injure
Dont j'ai le plus senti la profonde blessure.

SCENE II.

LÉONORE, ELVIRE, TRANSTAMARE, suite.

TRANSTAMARE.

Oui, je vous poursuivrai dans ces murs odieux,
Souillés par mes tirans, & pleins de nos ayeux.
Ces lieux où des états l'autorité sacrée
A toute heure à mes pas donne une libre entrée ;
Où ce roi croit dicter ses ordres absolus,
Que déja dans Tolède on ne reconnait plus.
C'est dans le sénat même assis pour le détruire

C 3

C'eſt au temple, en un mot, que je veux vous con-
  duire ;
C'eſt là qu'eſt votre honneur & votre ſureté ;
C'eſt là que votre amant vous rend la liberté.

LÉONORE.

De tant de violence indignée & ſurpriſe,
Fidéle à mes devoirs, à mon maitre ſoumiſe,
Mais écoutant encor un reſte de pitié
Que cet excès d'audace a mal juſtifié,
Je voulais vous ſervir, vous rapprocher d'un frère,
Rappeller de la paix quelque ombre paſſagère.
De ces vœux mal conçus mon cœur fut occupé ;
Mais tous deux à l'envi vous l'avez détrompé.
Dans ces triſtes momens, tout ce que je puis dire,
C'eſt que mon ſang, mon Dieu, ce jour que je reſ-
  pire,
Ce palais où je ſuis, tout m'impoſe la loi
De chérir ma patrie, & d'obéïr au roi.

TRANSTAMARE.

Il n'eſt point votre roi ; vous êtes mon épouſe ;
Vous n'échapperez point à ma fureur jalouſe ;
Oui vous m'appartenez : la pompe des autels,
L'appareil des flambeaux, les ſermens ſolemnels,
N'ajoûtent qu'un vain faſte aux promeſſes ſacrées
Par un père, & par vous dès l'enfance jurées.
Ces nœuds, ces premiers nœuds dont nous ſommes
  liés,

N'ont point été par vous encor défavoués.
Rome les confacra : rien ne peut les diffoudre.
N'attirez point fur vous les éclats de fa foudre.
Quoi ! l'air empoifonné que nous refpirons tous,
A-t-il dans ce palais pénétré jufqu'à vous ?
Pourriez-vous préférer à ce nœud refpectable
La vanité trompeufe & l'orgueil méprifable
De captiver un roi dont tant d'autres beautés
Partageaient follement les infidélités ?
Vous n'avilirez point le fang qui vous fit naître
Jufqu'à leur difputer la conquête d'un traître ;
D'un monarque flétri par d'indignes amours ;
Et qui, fi l'on en croit, de fideles difcours,
Jaloux fans être tendre a dans fa frénéfie
De fa femme au tombeau précipité la vie.

LÉONORE.

Quoi ! vous cherchez fans-ceffe, à le calomnier ?

TRANSTAMARE.

Et vous vous abaiffez à le juftifier !
Tremblez de partager le poid infuportable
Dont la haine publique a chargé ce coupable.
Il faut me fuivre, il faut dans les bras du fénat....

LÉONORE.

Si vous entrepreniez cet horrible attentat,
Si vous ofiez jamais.....

C 4

S C E N E   III.

LÉONORE, TRANSTAMARE , *sur le devant avec sa suite.* DON PEDRE *dans le fond avec la sienne,* MENDOSE.

DON PEDRE, *(à Mendose dans l'enfoncement.)*

TU vois ce téméraire,
Qui jusqu'en ma maison vient braver ma colère ;
Ce protégé de Charle. Il vient à ses vainqueurs
Apporter des français les insolentes mœurs. ──
Aux yeux de la princesse il ose ici paraître !
Sans frein, sans retenue , il marche, il parle en
        maître. ──
    Comte, un tel entretien ne vous est point permis.
Dans la foule des Grands , à votre rang admis,
Vous pourez dans les jours de pompe solemnelle
Vous présenter de loin prosterné devant elle.
Entrez dans le sénat, prenez place aux états,
La loi vous le permet ; je ne vous y crains pas.
Vous y pouvez trâmer vos cabales secretes,
Mais respectez ces lieux , & songez qui vous êtes.
            TRANSTAMARE.
Le fils du dernier roi prend plus de liberté ;
Il s'explique en tous lieux ; il peut être écouté ;

Il peut offrir fans crainte un pur & noble hommage.
Rome, le roi de France, & des grands le fuffrage,
Ont quelque poids encor, & pourront balancer
Tout ce qu'à ma pourfuite on voudrait oppofer.
Léonore eft à moi ; fa main fut mon partage.

DON PEDRE.

Et moi je vous défends d'y penfer d'avantage.

TRANSTAMARE.

Vous me le défendez ?

DON PEDRE.
Oui

TRANSTAMARE.
De mes ennemis
Les ordres quelquefois m'ont trouvé peu foumis.

DON PEDRE.

Mais quelquefois aufli malgré Rome & la France
En Caftille on punit la défobéiffance.

TRANSTAMARE.

Le fénat & mon bras m'affranchiffent affez
De ce grand châtiment dont vous me menacez.

DON PEDRE.

Ils vous ont mal fervi dans les champs de la gloire,
Vous devriez du moins en garder la mémoire.

TRANSTAMARE.

Les tems font bien changés. Vos maîtres & les
miens,

Les états, le sénat, tous les vrais citoyens,
Ont enfin rappellé la liberté publique :
On ne redoute plus ce pouvoir tirannique,
Ce monftre, votre idole, horreur du genre humain,
Que votre orgueil trompé veut rétablir envain.
Vous n'êtes plus qu'un homme avec un titre augufte,
Premier fujet des loix, & forcé d'être jufte.

DON PEDRE.

Eh bien, crains ma juftice, & tremble en tes deffeins.

TRANSTAMARE.

S'il en eft une au Ciel c'eft pour vous que je crains.
Gardez-vous de laffer fa longue patience.

DON PEDRE (*tirant à moitié fon épée*)

Tu mets à bout la mienne avec tant d'infolence.
Perfide ! défends-toi contre ce fer vengeur.

TRANSTAMARE (*mettant auffi la main à l'épée.*)

Sire, oferiez-vous bien me faire cet honneur ?

LÉONORE (*fe jettant entr'eux, tandis que Men-*
dofe, & Almède les féparent.)

Arrêtez inhumains ! Ceffez barbares frères. —
Cieux toujours offenfés ! Deftins toujours contrai-
res !
Verrai-je en tous les tems ces deux infortunés
Prêts à fouiller leurs mains du fang dont ils font nés !
N'entendront-ils jamais la voix de la nature ?

DON PEDRE.

Ah ! je n'attendais pas cette nouvelle injure,
Et que pour dernier trait Léonore aujourd'hui
Put en nous égalant me confondre avec lui.
C'en est trop :

LÉONORE.

Quoi! c'est vous qui m'accusez encore!

DON PEDRE.

Et vous me trahiriez, vous, dis-je, Léonore !

LÉONORE.

Et vous me reprochez dans ce désordre affreux
De vouloir épargner un crime à tous les deux!
Vous me connaissez mal : apprenez l'un & l'autre
Quels sont mes sentimens , & mon sort, & le
    vôtre.
Transtamare, sachez que vous n'aurez enfin
Quand vous seriez mon roi, ni mon cœur, ni ma
    main.
Sire , tombe sur moi la justice éternelle
Si jusqu'à mon trépas je ne vous suis fidéle.
Mais la guerre civile est horrible à mes yeux ;
Et je ne puis me voir entre deux furieux
Misérable sujet de discorde & de haine ,
Toujours dans la terreur , & toujours incertaine,
Si le seul de vous deux qui doit régner sur moi
Ne me fait pas l'affront de douter de ma foi.

Vous m'arrachiez, feigneur, au folitaire azile,
Où mon cœur loin de vous était du moins tranquile.
Je me vois exilée en ce cruel féjour,
Dans cet antre fanglant que vous nommés la cour.
Je la fuis ; je retourne à la tombe facrée
Où j'étais morte au monde, & du monde ignorée.
Qu'une autre fe complaife à nourrir dans les cœurs
Les tourments de l'amour & toutes fes fureurs,
A mêler fans effroi fes langueurs tiranniques
Aux tumultes fanglants des difcordes publiques ;
Qu'elle fe faffe un jeu du malheur des humains,
Et des feux de la guerre attifés par fes mains.
Qu'elle y mette à fon gré fa gloire & fon mérite.
Cette gloire exécrable eft tout ce que j'évite.
Mon cœur qui la détefte eft encor étonné
D'avoir fui cette paix pour qui feule il eft né ;
Cette paix qu'on regrette au milieu des orages.
Je vais loin de Toléde, & de ces grands naufrages,
M'enfevelir, vous plaindre, & fervir à genoux
Un maître plus puiffant, & plus clément que vous.

(elle fort)

SCENE IV.

DON PEDRE, TRANSTAMARE, *fuite.*

DON PEDRE.

ELle échappe à ma vue, elle fuit, & fans peine !
J'ai foupçonné fon cœur, j'ai mérité fa haine.

(*à fa fuite*)

Léonore ! . . . . courez, qu'on vole fur fes pas,
Mes amis, fuivez-la, qu'on ne la quitte pas ;
Veillez avec les miens fur elle & fur fa mère. —
    Toi, qui t'ofes parer du faint nom de mon frère,
Va, rends grace à ce fang par toi deshonoré.
Rends grace à mes ferments, j'ai promis, j'ai juré
De refpecter ici la liberté publique.
Tu m'ofais reprocher un pouvoir tirannique !
Tu vis, c'en eft affez pour me juftifier ;
Tu vis, & je fuis Roi ! — Garde toi d'oublier
Qu'il me refte en Efpagne encor quelque puiffance.
Cabale avec les tiens dans Rome & dans la France,
Intrigue en ton fénat, fouléve les états,
Va, mais attends le prix de tes noirs attentat

TRANSTAMARE (*en fortant avec fa fuite*)
Sire, j'attends beaucoup de la clémence augufte
Du frère le plus tendre, & du Roi le plus jufte.

SCENE V.

DON PEDRE, MENDOSE.

DON PEDRE.

TRemblez, tirans des rois, le châtiment vous
      suit.

Que dis-je ! malheureux ! à quoi suis-je réduit !

J'ai laissé de ses pleurs Léonore abreuvée,

Ainsi que mes sujets contre moi soulevée.

Quoi ! toujours de mes mains j'ourdirai mes mal-
      heurs !

C'était donc mon destin d'éloigner tous les cœurs !

J'ai d'une tendre épouse affligé l'innocence.

Mon peuple m'abandonne, & le français s'avance.

Prêt de faire une reine & d'aller aux combats,

A tant de soins pressants mon cœur ne suffit pas.

Allons — il faut porter le fardeau qui m'accable.

MENDOSE.

Sire, vous permettez qu'un ami véritable,

(Je hazarde ce nom si rare auprès des rois)

Libre en ses sentimens s'ouvre à vous quelquefois.

Vos soldats, il est vrai, s'approchent de Toléde ;

Mais les grands, le sénat, que Transtamare obsède,

Les organes des loix du peuple révérés,

De la religion les ministres sacrés

Tout s'unit, tout menace, un dernier coup s'ap-
    prête.

Déja même Guefclin dirigeant la tempête
Marche aux rives du Tage, & vient y rallumer
La foudre qui s'y forme & va tout confumer.
Peut-être il ferait tems qu'un peu de politique
Tempérât prudemment ce courage héroïque ;
Que vous attendiffiez chaque jour offenfé ,
Le moment de punir fans avoir menacé.
De vos fiers ennemis nourriffant l'infolence
Vous les avertiffez de fe mettre en défenfe.
De Léonore ici je ne vous parle pas.
L'amour bien mieux que moi, finira vos débats.
Vous êtes violent, mais tendre , mais fincère ;
Seigneur un mot de vous calmera fa colère.
Mais quand le péril preffe & peut vous accabler
Avec vos oppreffeurs il faut diffimuler.

DON PEDRE.

A ma franchife, ami, cet art eft trop contraire ;
C'eft la vertu du lâche. — ah ! d'un maître fevère,
D'un cruel, d'un tyran, s'ils m'ont donné le nom,
Je veux le mériter à leur confufion.
Trop heureux les humains dont les ames dociles
Se livrent mollement aux paffions tranquiles !
Ma vie eft un orage ; & dans les flots plongé,
Je me plais dans l'abîme où je fuis fubmergé.
Rien ne me changera, rien ne poura m'abattre.

M E N D O S E.

Mon prince, à vos côtés vous m'avez vu combattre,
Vous m'y verrez mourir. Mais portez vos regards
Sur ces gouffres profonds ouverts de toutes parts ;
Voyez de vos rivaux la fatale industrie,
Par des bruits mensongers séduisant la patrie,
S'appliquant sans relâche à vous rendre odieux,
Tromper l'Europe entière, & croire armer les
　　cieux ;
Des superstitions faire parler l'idole,
Vous poursuivre à Paris, vous perdre au Capitole.
Et par le seul mépris vous avez repoussé
Tous ces traits qu'on vous lance, & qui vous ont
　　blessé !
Vous laissez l'imposture attaquant votre gloire
Jusques dans l'avenir, flétrir votre mémoire !

D O N　P E D R E.

Ah ! dure iniquité des jugemens humains !
Fantômes élevés par des caprices vains !
J'ai dédaigné toujours votre vile fumée ;
Je foule aux pieds l'erreur qui fait la renommée.
On ne m'a vu jamais fatiguer mes esprits
A chercher un suffrage à Rome ou dans Paris.
J'ai vaincu, j'ai bravé la rumeur populaire.
Je ne me sens point né pour flatter le vulgaire.
Ou tombons, ou régnons. L'heureux est respecté ;

Le

Le vainqueur devient cher à la poftérité,
Et les infortunés font condamnés par elle.
Rome de Tranftamare embraffe la querelle ;
Rome fera pour moi quand j'aurai combattu ;
Quand on verra ce traître à mes pieds abattu
Me rendre en expirant ma puiffance ufurpée.
Je ne veux plus de droits que ceux de mon épée. —
   Mais quel jour ! Léonore ! — Il devait être heu-
      reux. —
Pour fon couronnement quel appareil affreux !
Que ce triomphe , hélas , peut devenir horrible !
Je me fefais , cruelle , un plaifir trop fenfible
De détruire un rival au fond de votre cœur ,
C'eft là que j'afpirais à régner en vainqueur. —
On m'ofe difputer mon trône & Léonore !
Allons , ils font à moi ; je les poffède encore.

SCENE VI.

DON PEDRE, MENDOSE, ALVARE.

ALVARE.

LE fénat Caftillan vous demande , feigneur.

DON PEDRE.

Il me demande? moi !

ALVARE.

Nous attendons l'honneur

D

De vous voir préſider à l'auguſte aſſemblée
Par qui l'Eſpagne enfin ſe verra mieux réglée.
Le prince votre frère a déja préparé
L'édit qui ſous vos yeux doit être déclaré.

DON PEDRE.

Qui ! mon frère !

ALVARE.

Au ſénat que faut-il que j'annonce ?

DON PEDRE.

Je ſuis ſon roi. Sortez. — & voilà ma réponſe.

ALVARE.

Vous apprendrez la leur.

SCENE VII.

DON PEDRE, MENDOSE, ſuite.

DON PEDRE (*à ſa ſuite*)

EH bien, vous le voyez,
Les ordres de mes rois me ſont ſignifiés ;
Tranſtamare les ſigne, il commande, il eſt maitre ;
On me traite en ſujet ! — je ſerai fait pour l'être,
Pour ſervir enchaîné, ſi le même moment
Qui voit de tels affronts, ne voit leur châtiment
(*à Moncade*)
Chef de ma garde ; à moi ! — je connais ton audace

Serviras-tu ton roi, qu'on trahit, qu'on menace,
Qu'on ose mépriser?

MONCADE.

Comme vous j'en rougis;
Mon cœur est indigné. Commandez, j'obéis.

DON PEDRE.

Ne ménageons plus rien; fais saisir Transtamare,
Et le perfide Alméde, & l'insolent Alvare.
Tu seras soutenu. Mes valeureux soldats
Aux portes de Toléde avançent à grands pas.
Etonnons par ce coup ces graves téméraires
Qui détruisent l'Espagne & s'en disent les pères.
Leur siège est-il un temple? Et grace aux préjugés
Est-ce le Capitole où les rois sont jugés?
Nous verrons aujourd'hui leur audace abaissée.
Va, d'autres intérêts occupent ma pensée.
Exécute mon ordre au milieu du sénat,
Où le traître à présent règne avec tant d'éclat.

MONCADE.

Cette entreprise est juste, aussi bien que hardie;
Et je vais l'accomplir au péril de ma vie.
Mais craignez de vous perdre.

DON PEDRE.

A ce point confondu
Si je ne risque tout, crois-moi, tout est perdu.

MENDOSE.

Arrêtez un moment — daignez songer encore
Que vous bravez des loix qu'à Toléde on adore.

DON PEDRE.

Moi ! je respecterais ces gothiques ramas
De priviléges vains que je ne connais pas !
Eternels aliments de troubles, de scandales,
Que l'on ose appeller nos loix fondamentales,
Ces tyrans féodaux, ces barons sourcilleux,
Sous leurs rustiques toits indigens orgueilleux,
Tous ces nobles nouveaux, ce sénat anarchique,
Erigeant la licence en liberté publique,
Ces états désunis dans leurs vastes projets,
Sous les débris du trône écrasant les sujets !
Ils aiment Transtamare, ils flattent son audace :
Ils voudraient l'opprimer, s'il régnait en ma place.
Je les punirai tous. Les armes d'un sénat
N'ont pas beaucoup de force en un jour de combat.

MENDOSE.

Souvent le fanatisme inspire un grand courage.

DON PEDRE.

Ah ! l'honneur & l'amour en donnent davantage.

ACTE III.

SCENE PREMIERE.

DON PEDRE, MENDOSE.

MENDOSE.

IL eſt entre vos mains ſurpris & déſarmé.
Diſpoſez de ce tigre avec peine enfermé,
Prêt à dévorer tout ſi l'on briſe ſa chaîne.
Des grands de la Caſtille une troupe hautaine
Raſſemble avec éclat ce cortége nombreux
D'écuyers, de vaſſaux qu'ils traînent après eux,
Reſtes encor puiſſans de cette barbarie
Qui vint des flancs du Nord inonder ma patrie.
Ils ſe ſont réunis à ce grand tribunal
Qui penſe que leur prince eſt au plus leur égal ;
Ils ſoulévent Toléde à leur voix trop docile.

DON PEDRE.

Je le ſais. — mes ſoldats ſont enfin dans la ville.

MENDOSE.

Le tonnerre à la main nous pouvons l'embraſer,
Frapper les citoyens ; mais non les appaiſer.
Animé par les grands tout un peuple en allarmes
Porte au murs du Palais des flambeaux & des ar-
     mes ;

D 3

Jufqu'en votre maifon je vois autour de vous
Des courtifans ingrats vous fervant à genoux,
Mais fervant encor plus la cabale des traîtres,
Préférer Tranftamare au pur fang de leurs maîtres,
La trifte vérité ne peut fe déguifer.

DON PEDRE.

J'aime qu'on me la dife, & fais la méprifer.
Que m'importent ces flots dont l'inutile rage
Se diffipe en grondant & fe brife au rivage ?
Que m'importent ces cris des vulgaires humains ?
La feule Léonore eft tout ce que je crains.
Léonore ! — crois-tu que fon ame offenfée
Rendue à mon amour ait pu dans fa penfée
Etouffer pour jamais le cuifant fouvenir
D'un affront, dont fa haine aurait dû me punir ?

MENDOSE.

Vous l'avez affez vu, fon retour eft fincère.

DON PEDRE.

Son ingénuité qui dut toujours me plaire,
Laiffe échaper des traits d'une mâle fierté
Qui joint un grand courage à fa fimplicité.

MENDOSE.

Sa conduite envers vous était d'une ame pure.
Vertueufe fans art, ignorant l'impofture,
Voulant que ce grand jour fut un jour de bienfaits,
Au fein de la difcorde elle a cherché la paix.
Ce cœur qui n'eft pas né pour des tems fi coupa-
    bles,

Se figurait des biens qui font impraticables ;
Sa vertu fa trompait. Je vois avec douleur
Que tout corrompt ici votre commun bonheur.
Quel parti prenez-vous, & que devra-t-on faire?
De cet innébranlable & terrible adverfaire
Qui dans fa prifon même ofe encor vous braver?

DON PÉDRE.

Léonore ! — à ce point as-tu fçu captiver
Un cœur fi détrompé , fi las de tant de chaines
Dont le poids trop chéri fit ma honte & mes peines?
J'abjurais les amours & leurs folles erreurs.
Quoi ! dans ces jours de fang & parmi tant d'hor-
    reurs,
Cette candeur naïve & fa noble innocence ,
Sur mon ame étonnée ont donc plus de puiffance
Que n'en eurent jamais ces fatales beautés
Qui fubjuguaient mes fens de leurs fers enchantés;
Et des féductions déployant l'artifice
Egaraient ma raifon foumife à leur caprice !
Padille m'enchainait & me rendait cruel ;
Pour venger fes appas je devins criminel ;
Ces tems étaient affreux. Léonore adorée
M'infpire une vertu que j'avais ignorée.
Elle grave en mon cœur heureux de lui céder
Tout ce que tu m'as dit fans me perfuader.
Je crois entendre un Dieu qui s'explique par elle;

Et son ame à mes sens donne une ame nouvelle.

M E N D O S E.

Si vous aviez plutôt formé ces chastes nœuds,
Votre règne sans doute eut été plus heureux.
On a vu quelquefois par des vertus tranquiles
Une reine écarter les discordes civiles.
Padille les fit naître ; & j'ose présumer
Que Léonore seule aurait pu les calmer.
C'est Don Pedre, c'est vous, & non le roi qu'elle
    aime.
Les autres n'ont chéri que la grandeur suprême.
Elle revient vers vous, & je cours de ce pas
Contenir si je puis le peuple & les soldats ;
A vos ordres sacrés toujours prêt à me rendre.

D O N   P E D R E.

Je te joindrai bientôt, cher ami va m'attendre.

S C E N E   II.

D O N   P E D R E, L É O N O R E.

D O N   P E D R E.

VOus pardonnez enfin ; vos mains daignent
    orner
Ce sceptre que l'Espagne avait dû vous donner.
Compagne de mes jours, trop orageux, trop som-
    bres,

Vous feule éclaircirez la noirceur de leurs ombres.
Les farouches efprits que je n'ai pu gagner,
Haïront moins Don Pedre en vous voyant règner.
Dans ces cœurs foulevés, dans celui de leur maître
Le calme qui nous fuit pourra bientôt renaître.
Je fuis loin, maintenant d'offrir à vos defirs
D'une brillante cour la pompe & les plaifirs;
Vous ne les cherchez pas. Le trône où je vous place
Eft entouré du crime, affiégé par l'audace;
Mais s'il touche à fa chute il fera relevé,
Et dans un fang impur heureufement lavé,
Ecrafant fous vos pieds la ligue terraffée,
Il reprendra par vous fa fplendeur éclipfée.

LÉONORE.

Vous connaiffez mon cœur; il n'a rien de caché.
Lorfque j'ai vu le vôtre à la fin détaché
Des indignes objets de votre amour volage,
J'ai fans peine à mon prince offert un pur hom-
     mage,
Vainement votre père expirant dans mes bras
Et prétendant régner au-delà du trépas,
Pour fon fils Tranftamare aveugle en fa tendreffe
Avait en fa faveur exigé ma promeffe.
Bientôt par ma raifon fon ordre fut trahi;
Et plus je vous ai vu, plus j'ai mal obéi.
Enfin, j'aimais Don Pedre en fuiant fa couronne;

Et je ne penſe pas que ſon cœur me ſoupçonne
D'avoir pu deſirer cette triſte grandeur,
Qui ſans vous aujourd'hui ne me ferait qu'horreur.
Mais ſi de mon himen la fête eſt différée,
Si je ne règne pas, je ſuis deshonorée.
Vous pouvez par mépris pour la commune erreur
Braver la voix publique : & je la crains, ſeigneur.
Je veux qu'on me reſpecte, & qu'après vos faibleſſes
On ne me compte pas au rang de vos maîtreſſes.
Ma gloire s'en irrite : & dans ces triſtes jours
La retraite, où le trône était mon ſeul recours.
Votre épouſe à vos yeux ſe ſent trop outragée.

DON PEDRE.

Avant la fin du jour vous en ſerez vengée.

LÉONORE.

Je ne prétends pas l'être. Ecoutez ſeulement
Tous les juſtes ſujets de mon reſſentiment.
J'ai peu du cœur humain la fatale ſcience ;
Mais j'ouvre enfin les yeux. Ma prompte expérience
M'apprend ce qu'on éprouve à la ſuite des rois.
Je vois comme on s'empreſſe à condamner leur
            choix :
On accuſe de tout quiconque a pu leur plaire.
De l'eſtrade des grands deſcendant au vulgaire
Le menſonge ſans frein, ſans pudeur, ſans raiſon,
S'accroit de bouche en bouche, & s'enfle de poiſon.

C'est moi , si l'on en croit votre cœur téméraire ,
C'est moi dont l'artifice a perdu votre frère ,
C'est moi qui l'ai plongé dans la captivité
Pour garder ma conquête avec impunité.
Vous dirai-je encor plus ? une troupe effrenée ,
Qui devrait souhaiter, bénir mon himen ,
D'une voix mensongère insulte à nos amours ;
Mon oreille a frémi de leurs affreux discours.
Je vois lancer sur vous des regards de colère.
On déteste le roi qu'on dut chérir en père.
Pouvez-vous endurer tant d'horribles clameurs,
De menace, de cris, & surtout tant de pleurs ?
Pour la dernière fois écartez de ma vue
Ce spectacle odieux qui m'indigne & me tue.
Faut-il passer mes jours à gémir, à trembler ?
Détournez ces fléaux unis pour m'accabler.
Il en est encor tems. Le castillan rebelle ,
Pour peu qu'il soit flaté , par orgueil est fidéle.
Ah ! si vous opposiez au glaive des français
Le plus beau bouclier , l'amour de vos sujets !
En spectacle à l'Espagne , en butte à tant d'envie,
Je ne puis supporter l'horreur d'être haïe.
Je crains en vous parlant de réveiller en vous
L'affreuse impression d'un sentiment jaloux.
Je puis aller trop loin , je m'emporte , mais j'aime.
Consultez votre gloire ; & jugez-vous vous même.

DON PEDRE.

J'ai pefé chaque mot, & je prends mon parti.
(*à fa fuite*)
Déchainez Tranſtamare, & qu'on l'amène ici.

LÉONORE.

Prenez garde, cher prince. Arrêtez. — ſa préſence
Peut vous porter encor à trop de violence.
Craignez.

DON PEDRE.

C'eſt trop de crainte ; & vous vous abuſez.

LÉONORE.

J'en reſſens, il eſt vrai. — C'eſt vous qui la cauſez.

SCENE III.

DON PEDRE, LÉONORE, TRANSTAMARE,
ſuite.

DON PEDRE.

APproche malheureux, dont la rage ennemie
Attaqua tant de fois mon honneur & ma vie.
Eſclave des français qui t'es cru mon égal,
Audacieux amant qui t'es cru mon rival,
Ton œil ſe baiſſe enfin, ta fierté me redoute ;
Tu mérites la mort, tu l'attends. — mais écoute.
Tu connais cet uſage en Eſpagne établi
Qu'aucun roi de mon ſang n'oſe mettre en oubli.

A son couronnement une nouvelle reine
Oppofant fa clémence à la juftice humaine,
Peut fauver à fon gré l'un de fes criminels
Que pour être en exemple au refte des mortels
L'équité vengereffe au fupplice abandonne.
Voici ta reine enfin.

TRANSTAMARE.
Léonore !

DON PEDRE.
Elle ordonne

Que malgré tes forfaits, malgré toutes les loix;
Et malgré l'intérêt des peuples & des rois,
Ton monarque outragé daigne te laiffer vivre.
J'y confens.—Vous, foldats, foyez prêts à le fuivre.
Vous conduirez fes pas dès ce même moment
Jufqu'aux lieux deftinés pour fon banniffement.
Veillez toujours fur lui, mais fans lui faire outrage;
Sans me faire rougir de mon jufte avantage.
Tout indigne qu'il eft du fang dont il eft né,
Ménagez de mon père un refte infortuné. —
En eft-ce affez, madame, êtes-vous fatisfaite?

LÉONORE.
Il faudra qu'à vos pieds ce fier fénat fe jette.
Continuez, feigneur, à mêler hautement
Une fage clémence, au jufte châtiment.
Le fénat apprendra bientôt à vous connaître,

Il saura révérer , & même aimer un maître.
Vous le verrez tomber aux genoux de son roi.

T R A N S T A M A R E.

Léonore , on vous trompe ; & le sénat & moi
Nous ne descendons point encor à ces bassesses.
Vous pouvez d'un tiran ménageant les tendresses ,
Céder à cet éclat si trompeur & si vain
D'un sceptre malheureux qui tombe de sa main.
Il peut dans les débris d'un reste de puissance
M'insulter un moment par sa fausse clémence ,
Me bannir d'un palais qui peut-être aujourd'hui
Va se voir habité par d'autres que par lui.
Il a dû se hâter. Jouissez infidele
D'un moment de grandeur où le sort vous appelle.
Cet éclair vous aveugle , il passe , il vous conduit
Dans le fond de l'abîme où votre erreur vous suit.

D O N P E D R E.

Qu'on le remene , allez ; qu'il parte & qu'on le
　　suive.

SCÈNE IV.

DON PEDRE , LÉONORE , MONCADE ,
TRANSTAMARE , *suite.*

MONCADE.

SEigneur , en ce moment, Guefclin lui-même
arrive.

LÉONORE.

O Ciel !

TRANSTAMARE. (*en se retournant vers Don Pedre*)

Je fuis vengé plutôt que tu ne crois.
Va , je ne compte plus Don Pedre au rang des rois.
Frappe avant de tomber , verfe le fang d'un frère.
Tu n'as que cet inftant pour fervir ta colère.
Ton heure approche, frappe. Ofes-tu ?

DON PEDRE.

C'eft envain
Que tu cherches l'honneur de périr de ma main.
Tu n'en étais pas digne , & ton deftin s'aprête ;
C'eft le glaive des loix que je tiens fur ta tête.
(*on emméne Tranftamare.*) (*à Moncade*)
Qu'on l'entraine. —————— Et Guefclin ?

MONCADE.

Il eft près des remparts
Le peuple impatient vole à fes étendarts.

Il invoque Guesclin comme un Dieu tutélaire.

LÉONORE.

Quoi ! je vous implorais pour votre indigne frère !
Mes soins trop imprudents voulaient vous réunir ;
Je devais vous prier, seigneur, de le punir.
Que faire, cher époux, dans ce péril extrême ?

DON PEDRE.

Que faire ! le braver, couronner ce que j'aime,
Marcher aux ennemis, & dès ce même jour
Au prix de tout mon sang mériter votre amour.

MONCADE.

Un chevalier français en ces murs le dévance
Et pour son général il demande audience —

DON PEDRE.

Cette offre me surprend, je ne puis le céler,
Quoi ! lors qu'il faut combattre un français veut
    parler ?

MONCADE.

Il est ambassadeur & général d'armée.

DON PEDRE.

Si j'en crois tous les bruits dont l'Espagne est se-
    mée,
Il est plus fier qu'habile ; & dans cet entretien
L'orgueil de ce Breton pourait choquer le mien.
Je connais sa valeur, & j'en prends peu d'allarmes.
En Castille avec lui j'ai mesuré mes armes ;

Ij

Il doit s'en souvenir ; mais puisqu'il veut me voir
Je suis prêt en tout tems à le bien recevoir.
Soit au palais des rois , soit aux champs de la
    gloire

(à Léonore)

Enfin je vais chercher la mort ou la victoire.
Mais avant le combat hâtez-vous d'accepter
Le bandeau qu'après moi votre front doit porter.
Je pouvais, j'aurais dû dans cette auguste fête
De mon lâche ennemi vous présenter la tête,
Sur son corps tout sanglant recevoir votre main ;
Mais je ne serai pas ce Don Pedre inhumain,
Dont on croit pour jamais flétrir la renommée :
Et du pied de l'autel je vole à mon armée,
Montrer aux nations que j'ai sçu mériter
Ce trône, & cette main qu'on m'ose disputer.

E

ACTE IV.

SCENE PREMIERE.

DON PEDRE, MENDOSE.

MENDOSE.

QUoi! vous vous expofiez à ce nouveau dan-
ger?
Quoi! Don Pedre autrefois fi prompt à fe venger
De ce grand ennemi n'a pas profcrit la tête !

DON PEDRE.

Léonore a parlé, ma vengeance s'arrête.
Elle n'a pas voulu qu'aux marches de l'autel
Notre himen fut fouillé du fang d'un criminel.
Sans elle, cher ami, j'aurais été barbare,
J'aurais de ma main même immolé Tranftamare,
Je l'aurais dû. — N'importe.

MENDOSE.

Et voilà ces français
Dont le premier exploit, & le premier fuccès
Sont de vous enlever par un fanglant outrage
Ce prifonnier d'état qui vous fervait d'ôtage.
Jugez de quel efpoir le fénat eft flatté,
Comme il eft infolent avec fécurité,
Comme au nom de Guefclin fa voix impérieufe

Conduit d'un peuple vain la fougue impétueufe !
Tandis que Léonore a du bandeau royal
(Préfent fi digne d'elle , & peut-être fatal.)
Orné fon front modefte où la vertu réfide ,
D'arrogans factieux une troupe perfide
Abjurait votre empire & prefque fous vos yeux
Elevait Tranftamare au rang de vos ayeux.
A peine ce Guefclin touchait à nos rivages ,
Tous les grands à l'envi, lui portant leurs homma-
 ges ,
Accouraient dans fon camp , le nommaient à
 grands cris
L'ange de la Caftille envoyé de Paris.
Il commande , il s'érige un tribunal fuprême,
Où lui feul va juger la Caftille & vous-même.
Scipion fut moins fier & moins audacieux ,
Quand il nous apporta fes aigles & fes dieux.
Mais ce qui me furprend, c'eft qu'agiffant en maître
Il prétende appaifer les troubles qu'il fait naître ;
Qu'il vienne en ce palais vous ayant infulté ,
Et qu'armé contre vous il propofe un traité.
   D O N P E D R E.
Il ne fait qu'obéïr au roi qui me l'envoie.
L'orgueil de ce Guefclin fe montre & fe déploie,
Comme un reffort puiffant avec art préparé,
Qu'un maître induftrieux fait mouvoir à fon gré.
        E 2

Dans l'Europe aujourd'hui tu sais comme on les
    nomme ;
Charle a le nom de sage, & Guesclin de grand
    homme.
Et qui suis-je auprès d'eux moi qui fus leur vain-
    queur ?
Je pourais des français punir l'ambassadeur,
Qui m'osant outrager à ma foi se confie.
Plus d'un roi s'est vengé par une perfidie ;
Et les succès heureux de ces grands coups d'état
Souvent à leurs auteurs ont donné quelque éclat :
Leurs flatteurs ont vanté cette infâme prudence.
Ami, je ne veux point d'une telle vengeance.
Dans mes emportemens & dans mes passions
Je respecte plus qu'eux les droits des nations.
J'ai déja sur Guesclin ce premier avantage ;
Et nous verrons bientôt s'il l'emporte en courage.
Un français peut me vaincre, & non m'humilier.
Je suis roi, cher ami ; mais je suis chevalier ;
Et si la politique est l'art que je méprise,
On rendra pour le moins justice à ma franchise.
Mais surtout Léonore est-elle en sureté ?

MENDOSE.

Vous avez donné l'ordre, il est exécuté.
La garde Castillane est rangée auprès d'elle,
Prête à fondre avec moi sur le parti rebelle.
Aux portes du palais les africains placés

En défendent l'approche aux mutins difperfés.

Vos foldats font poftés dans la ville fanglante ;

Toute l'armée enfin frémit impatiente,

Demande le combat , brûle de vous venger

Du lâche Tranftamare , & d'un fier étranger.

D o n P e d r e.

Je n'ai point envoyé Tranftamare au fuplice ! ——

Mon épée eft plus noble & m'en fera juftice.

Sous les yeux de Guefclin je vais le prévenir.

Va, c'eft dans les combats qu'il eft beau de punir.——

Je regrette, il eft vrai, dans cette jufte guerre

Le généreux appui du héros d'Angleterre,

Du vainqueur de deux rois qui meurt , & qui gémit ;

Après tant de combats d'expirer dans fon lit.

C'eut été pour ma gloire un moment plein de char-

 mes

De le revoir ici compagnon de mes armes.

Je pleure ce grand homme ; & Don Pedre aujour-

 d'hui

Heureux ou malheureux fera digne de lui. ——

 Mais je vois s'avancer une foule étrangère

Qui fe joint fous mes yeux aux drapeaux de l'Ibère,

Et qui femble annoncer un miniftre de paix.

C'eft Guefclin qui s'avance au gré de mes fouhaits.

Ami , près de ton roi , prends la premiere place.

Voyons quelle eft fon offre, & quelle eft fon audace.

SCENE II.

DON PEDRE, *se place sur son trône*, **MENDOSE**
à côté de lui avec quelques grands d'Espagne.
GUESCLIN, *après avoir salué le roi qui se leve,*
s'assied vis-à-vis de lui. Les gardes sont derrière
le trône du roi, & des officiers français derrière
la chaise de Guesclin.

GUESCLIN.

SIre, avec sureté, je me présente à vous,
Au nom d'un roi puissant, de son honneur jaloux,
Qui d'un vaste royaume est aujourd'hui le père,
Qui l'est de ses voisins, qui l'est de votre frère,
Et dont la généreuse & prudente équité
N'a fait verser de sang que par nécessité.
J'apporte au nom de Charle ou la paix ou la guerre,
Faut-il ensanglanter, faut-il calmer la terre?
C'est à vous de choisir. Je viens prendre vos loix.

DON PEDRE.

Vous même expliquez-vous, déterminez mon choix.
Mais dans votre conduite on pourait méconnaître
Cette rare équité de votre auguste maître,
Qui sans m'en avertir dévastant mes états,
Me demande la paix par vingt mille soldats.
Sont-ce là les traités qu'à Vincenne on prépare?—
(il se leve, Guesclin se leve aussi)
De quel droit osez-vous m'enlever Transtamare?

G U E S C L I N.

Du droit que vous aviez de le charger de fers.
Vous l'avez opprimé, seigneur, & je le sers.

D O N P E D R E.

De tous nos différents vous êtes donc l'arbitre ?

G U E S C L I N.

Mon roi l'est.

D O N P E D R E.

Je voudrais qu'il méritât ce titre.
Mais vous ! qui vous fait juge entre mon peuple &
    moi ?

G U E S C L I N.

Je vous l'ai déja dit, votre allié, mon roi,
Que votre père Alphonse en fermant la paupière
Chargea d'exécuter sa volonté dernière.
Le vainqueur des anglais sur le trône affermi,
Et quand vous le voudrez en un mot, votre ami.

D O N P E D R E.

De l'amitié des rois l'univers se défie :
Elle est souvent perfide, elle est souvent trahie.
Mais quel prix y met-il ?

G U E S C L I N.

La justice, seigneur.

D O N P E D R E.

Ces grands mots consacrés de justice, d'honneur,
Ont des sens différens qu'on a peine à comprendre.

GUESCLIN.

J'en ferai l'interprête, & vous allez m'entendre.
Rendez à votre frère injuftement profcrit
Léonore, & les biens qu'un père lui promit,
Tous fes droits reconnus d'un fénat toujours jufte,
Dans Rome confirmés par un pouvoir augufte ;
Des états Caftillans n'ufurpez point les droits ;
Pour qu'on vous obéiffe, obéiffez aux loix ;
C'eft là ce qu'à ma Cour on déclare équitable
Et Charle eft à ce prix votre ami véritable.

DON PEDRE.

Inftruit de fes deffeins, & non pas effraié,
Je préfére fa haine à fa fauffe amitié.
S'il feint de protéger l'enfant de l'adultère,
Le rebelle infolent qu'il appelle mon frère,
Je fais qu'il n'a donné ces fecours dangereux
Que pour mieux s'agrandir en nous perdant tous
    deux.
Divifez pour régner, voilà fa politique.
Mais il en eft une autre où Don Pedre s'applique ;
C'eft de vaincre. Et Guefclin ne doit pas l'ignorer.
Agent de Tranftamare, ofez-vous déclarer
Que vous lui deftinez la main de Léonore ? —
Léonore eft ma femme. — Apprenez plus encore.
Sachez que votre roi qui penfe m'accabler,
Des fecrets de mon lit ne doit point fe mêler ;

Que de l'himen des rois Rome n'eſt point le juge.
Je demeure ſurpris que pour dernier réfuge,
Au tribunal de Rome on oſe en appeller,
Et qu'un guerrier français s'abaiſſe à m'en parler.
Oubliez-vous, monſieur, qu'on vous a vu vous
     même,
Vous qui me vantez Rome, & ſon pouvoir ſuprême,
Extorquer ſes tributs, rançonner ſes états,
Et forcer ſon Pontife a payer vos ſoldats?

GUESCLIN.

On dit qu'en tous les tems ma cour a ſçu connaître
Et ſéparer les droits du monarque & du prêtre.
Mais peu fait pour toucher ces reſſorts délicats
Je combats pour mon prince, & je ne l'inſtruis pas.
Qu'on ait lancé ſur vous ce qu'on nomme anatême,
Que l'épouſe d'un frère ou vous craigne ou vous
     aime,
Je n'examine point ces intrigues des cours,
Ces abus des autels, encor moins vos amours.
Vous ne voyez en moi qu'un organe fidéle
D'un roi l'ami de Rome, & qui s'arme pour elle.
On va verſer le ſang; & l'on peut l'épargner:
Fléchiſſez, croyez-moi, ſi vous voulez régner.

DON PEDRE.

J'entends; vous exigez ma prompte déférence
A ces reſcrits de Rome émanés de la France.

Charle adore à genoux ces étonnans décrets,
Ou les foule à ses pie..s suivant ses intérêts ;
L'orgueil me les apporte au nom de l'artifice !
Vous m'offrez un pardon pourvu que j'obéisse !
Ecoutez. — Si j'allais du même zèle épris,
Envoyer une armée aux remparts de Paris,
Si l'un de mes soldats disait à votre maître,
»Sire , cédez le trône où Dieu vous a fait naître,
»Cédez le digne objet pour qui seul vous vivez ;
»Et de tous ces trésors à vos mains enlevés
»Enrichissez un traître, un fils d'une étrangère,
»Indigne de la France, indigne de son père.
»Gardez-vous de donner vos ordres absolus
»Pour former des soldats, pour lever des tributs ,
»Attendez humblement qu'un pontife l'ordonne.
»Remettez au sénat les droits de la couronne.
»Et DonPedre à ce prix veut bien vous protéger.—
    Votre maître à ce point se sentant outrager ,
Pourait-il écouter sans un peu de colère
Ce discours insultant d'un soldat téméraire?

G U E S C L I N.

Je veux bien avouer que votre ambassadeur
S'expliqueroit fort mal avec tant de hauteur.
Rien ne justifierait l'orgueil & l'imprudence
De donner des leçons & des loix à la France.
Charle s'en tient , seigneur , à la foi des traités.

Songez aux derniers mots par Alphonfe dictés ;
Ils ont rendu mon roi le tuteur & le père
De celui que Don Pedre eut dû traiter en frère.

DON PEDRE.

Le tuteur d'un rebelle! ah! noble chevalier
Qu'il vous coute en fecret de le juftifier !
J'en appelle à vous même, à l'honneur, à la gloire.
Votre prince eft-il jufte?

GUESCLIN.

Un fujet doit le croire.
Je fuis fon général & le fers contre tous,
Comme je fervirais fi j'étais né fous vous.
Je vous ai déclaré les arrêts qu'il prononce
Je n'y veux rien changer, & j'attends la réponfe.
Donnez-la fans referve ; il faut vous confulter.
Je viens pour vous combattre, & non pour difputer·
Vous m'appellez foldat ; & je le fuis fans doute.
Ce n'eft plus qu'en foldat que Guefclin vous écoute.
Cédez, ou prononcez votre dernier refus.

DON PEDRE.

Vous l'aviez dû prévoir, & vous n'en doutez plus.
Je vous refufe tout excepté mon eftime.
Je confidére en vous le guerrier magnanime,
Qui combat pour fon roi par zèle & par honneur;
Mais je ne puis en vous fouffrir l'ambaffadeur.
Portez à vos français les ordres defpotiques

De ce roi renommé parmi les politiques :
Qui du fond de Vincenne, à l'abri des dangers,
Séme en paix la difcorde entre les étrangers.
Sa fourde ambition qu'on appelle prudence,
Croit fur mon infortune établir fa puiffance.
Il viole chez moi les droits des fouverains,
Qu'il a dans fes états foutenus par vos mains.
Pour vous, noble inftrument de fa froide injuftice,
Vous, dont il acheta le fang & le fervice ,
Vous chevalier Breton , qui m'ofez préfenter
Un combat généreux qu'il n'oferait tenter,
Votre valeur me plait quoique très-indifcrete ;
Mais reffouvenez-vous des champs de Navarette.

GUESCLIN.

Sire , le prince anglois , je ne le puis nier ,
Vainquit à Navarette, & m'y fit prifonnier,
Je ne l'oublierai point. Une telle infortune
A de meilleurs guerriers en tout tems fut commune ;
Et je ne viens ici que pour la réparer.

DON PEDRE.

Dans les champs de l'honneur hâtez-vous donc
　　d'entrer.
Toujours prêt comme vous d'en ouvrir la barriére,
Et de recommencer cette noble carriére,
Je vous donne le choix & des lieux , & du tems.
La route a dû laffer vos braves combattans.

En quel jour, en quel lieu voulez-vous la bataille. *

GUESCLIN.

Dès ce moment, feigneur, & fous cette muraille.
A vous voir d'affez près j'ai fçu les préparer :
Et cet honneur fi grand ne peut fe différer.

DON PEDRE.

Marchons, & laiffant là ces difputes frivoles,
Venez revoir encor les lances Efpagnoles.
Mais jufqu'à ce moment de nous deux fouhaité,
Ufez ici des droits de l'hofpitalité.—

    Cher Mendofe, ayez foin qu'une de vos efcortes
Le guide avec honneur au-delà de nos portes.

    (à Guefclin)

Acceptez mon épée.

GUESCLIN.

          Une telle faveur
Eft pour un chevalier le comble de l'honneur.
Plut au Ciel que je puffe avec quelque juftice
Sire, ne la tirer que pour votre fervice.

    ✱ C'était encor l'ufage en ce tems là.

ACTE V.

SCENE PREMIERE.

LÉONORE, ELVIRE.

LÉONORE.

SUccomberai-je enfin fous tant de coups du fort ?
Une mère à mes yeux dans les bras de la mort...
Un époux que j'adore & que fa deftinée
Fait voler aux combats du lit de l'himenée....
Un peuple gémiffant dont les cris infenfés
M'imputent tous les maux fur l'Efpagne amaffés...
De Tranftamare enfin la déteftable audace
Dont le fer me pourfuit, dont l'amour me menace...
Ais-je une ame affez forte, un cœur affez altier
Pour contempler mes maux & pour les défier ?
Avant que l'infortune accablât ma jeuneffe,
Je ne me connaiffais qu'en fentant ma faibleffe.
Peut-être qu'éprouvé par la calamité
Mon efprit s'affermit contre l'adverfité.
Il me femble du moins, au fort de cet orage
Que plus j'aime Don Pedre & plus j'ai de courage.

ELVIRE.

Notre fexe, madame, en montre quelquefois
Plus que ces chevaliers vantés par leurs exploits.

Surtout l'amour en donne ; & d'une ame timide
Ce maître impérieux fait une ame intrépide :
Il développe en nous d'étonnantes vertus
Dont les germes cachés nous étaient inconnus.
L'amour élève l'ame, & faibles que nous fommes
Nous avons fçu donner des exemples aux hommes.

LÉONORE.

Ah ! je me trompe, Elvire, un noir abattement
A cette fermeté fuccède à tout moment. —
Don Pedre, cher époux ! que n'ai-je pu te fuivre,
Et tomber avec toi fi tu ceffes de vivre !

ELVIRE.

A vaincre Tranftamare il eft accoûtumé.
Que votre cœur fenfible un moment allarmé
Reprenne fon courage & fa mâle affurance.

LÉONORE.

Oui, Don Pedre, il eft vrai, me rend mon efpérance.
Mais Guefclin !

ELVIRE.

Vous pouriez redouter fa valeur ?

LÉONORE.

Je brave Tranftamare, & crains fon proteĉteur.
Si Don Pedre eft vaincu fa mort eft affurée.
Je le connais trop bien : fa main défefpérée
Cherchera je le vois, la mort de rang en rang ,
Déchirera fon fein, s'entr'ouvrira le flanc,
Plutôt que de tomber dans les mains d'un rebelle.

ELVIRE.

Détournez loin de vous cette image cruelle.
Reine, le ciel est juste, il ne donnera pas
Cet exemple exécrable à tous les potentats,
Qu'un traître, un révolté, l'enfant de l'adultère,
Opprime impunément son monarque & son frère.

LÉONORE.

Quoique le ciel soit juste, il permet bien souvent
Que l'iniquité règne, & marche en triomphant :
Et si pour nous venger, Elvire, il ne nous reste
Que le recours du faible au jugement céleste,
Et l'espoir incertain qu'enfin dans l'avenir
Quand nous ne serons plus le ciel saura punir ;
Cet avenir caché si loin de notre vue
Nous console bien peu quand le présent nous tue.
Pardonne, je m'égare ; & le trouble & l'effroi,
Plus forts que la raison m'entraînent malgré moi.
Tu vois avec pitié ce passage rapide
De l'excès du courage au désespoir timide.
Telle est donc la nature ! — il me faut donc lutter
Contre tous ses assauts ! — & je veux l'emporter !

N'entends-tu pas de loin la trompette guerriere,
Les cris des malheureux roulans dans la poussiere,
Des peuples, des soldats, les confuses clameurs,
Et les chants d'allégresse & les cris des vainqueurs ?--
Le tumulte redouble, & l'on me laisse, Elvire. —

Je

Je ne me foutiens plus — on vient à moi — j'expire.

ELVIRE.

C'eft Mendofe , c'eft lui ; c'eft l'ami de fon roi.
Il paraît confterné.

SCENE II.

LÉONORE, MENDOSE, ELVIRE.

MENDOSE.

Fiez-vous à ma foi,
Venez , reine , cédez à nos deftins contraires ;
Fuyez, s'il en eft tems , du palais de vos pères.
Il doit vous faire horreur.

LÉONORE.

Ah ! c'en eft fait enfin !
Tranftamare eft vainqueur !

MENDOSE.

Non, c'eft le feul Guefclin ;
C'eft Guefclin dont le bras & le puiffant génie
Ont foumis la Caftille à la France ennemie.
Henri de Tranftamare indigne d'être heureux
Ne fait qu'en abufer…. & par un crime affreux…

LÉONORE.

Quel crime ? Ah jufte Dieu !

(elle tombe dans fon fauteuil)

F

MENDOSE.

Si l'excès du courage
Suffisait dans les camps pour donner l'avantage,
Le roi, n'en doutez point, aurait vu sous ses pieds
Ses vainqueurs dans la poudre expirer foudroyés.
Mais il a négligé ce grand art de la guerre
Que le héros français apprit de l'Angleterre.
Guesclin, avec le tems, s'est formé dans cet art
Qui conduit la valeur, & commande au hazard.
Don Pedre était guerrier, & Guesclin capitaine.
Hélas ! dispensez-moi trop malheureuse reine
Du récit douloureux d'un combat inégal,
Dont le triste succès, à nos neveux fatal
Fesant passer le sceptre en une autre famille,
A changé pour jamais le sort de la Castille.
Par sa valeur trompé, Don Pedre s'est perdu :
Sous son coursier mourant, ce héros abattu
A bientôt du roi Jean subi la destinée.
Il tombe, on le saisit.

LÉONORE.

Exécrable journée !
Tu n'es pas à ton comble ? il vit du moins ?
(en se relevant)

MENDOSE.

hélas!
Le général Guesclin le reçoit dans ses bras,
Il étanche son sang, il le plaint, le console,

Le fert avec refpect, engage fa parole
Qu'il fera des vainqueurs en tout tems honoré,
Comme un prince abfolu de fa cour entouré.
Alors il le préfente à l'heureux Tranftamare. —
Dieu vengeur! qui l'eut cru? — le lâche, le barbare
Yvre de fon bonheur, enflammé de couroux,
A tiré fon poignard, a frappé votre époux,
Il foule aux pieds ce corps étendu fur le fable. —
Fuyez, dis-je, évitez l'afpect épouvantable
De ce lâche ennemi, né pour vous opprimer,
De ce monftre affaffin qui vous ofait aimer.

LÉONORE.

Moi fuïr!... & dans quels lieux! — ô cher, &
    faint azile!
Où je devais mourir oubliée & tranquile,
Recevras-tu ma cendre?

MENDOSE.

          On peut à vos vainqueurs
Dérober leur victime & leur cacher vos pleurs.
Tout bleffé que je fuis, le courage & le zèle
Donnent à la faibleffe une force nouvelle.

LÉONORE.

C'en eft trop — cher Mendofe — ayez foin de vos
    jours.

MENDOSE.

Le tems preffe acceptez mes fidéles fecours;
Regagnons vos états, ces biens de vos ancêtres.

LÉONORE.

Moi des biens, des états ! — Je n'ai plus que des
   maitres. —.

Mêne-moi chez ma mère, au fond de ce palais,

Que j'expire avec elle, & que je meure en paix.—

Ah ! Don Pedre !.... (*elle retombe*)

S C E N E III.

LÉONORE, MENDOSE, TRANSTAMARE, ELVIRE, *suite.*

TRANSTAMARE.

ARrêtez. Qu'on garde l'infidèle,

Qu'on arrête Mendofe, & qu'on veille autour
   d'elle. —

Madame, c'eft ici que je viens rappeller

Des fermens qu'un tiran vous a fait violer.

Vous n'êtes plus foumife au joug honteux d'un
   traître,

Qui perfide envers moi vous obligeait à l'être.

J'ajoute la Caftille à tant d'autres états

Envahis par Don Pedre & gagnés par mon bras :

Le diadême & vous, vous êtes ma conquête.

Vainqueur de mon tiran ma main eft toujours prête

A mettre à vos genoux trois fceptres réunis,

Qu'aujourd'hui la valeur & le fort m'ont remis.

Rome me les donnait par ses decrets augustes

Que le succès confirme & rend encor plus justes.

J'ai pour moi le sénat, le pontife, les grands,

Le jugement de Dieu qui punit les tirans ....

C'est lui qui me conduit au trône de Castille,

C'est lui qui de nos rois met en mes mains la fille,

Qui rend à Léonore un légitime époux,

Et qui sanctifiera les droits que j'ai sur vous.

J'ai honte, en ce moment de vous aimer encore.

Mais puisqu'un ennemi m'enleva Léonore

Je reprends tous mes droits que vous avez trahis.

Lorsque j'ai combattu vous en étiez le prix.

Vous avez tant changé dans ce jour mémorable,

Qu'un changement de plus ne vous rend point cou-
     pable.

Partagez ma fortune, ou servez sous mes loix.

  LÉONORE *(se soulevant sur le siége où elle est*
     penchée)

Entre ces deux partis il est un autre choix,

Qui demande peut-être un peu plus de courage.—

Il pourait effrayer & mon sexe & mon âge. —

Il est coupable — affreux — mais vous m'y redui-
     sez. —

Le voici. (*elle se tue*)

        F 3

SCENE DERNIERE.

LÉONORE *renversée dans un fauteuil*, ELVIRE
la soutenant, TRANSTAMARE & ALMEDE
auprès d'elle, GUESCLIN & *la suite au fond du
théatre.*

GUESCLIN *(entrant au moment où Léonore
parlait)*

Ciel ! mes yeux feraient-ils abusés ?
Don Pedre assassiné ! Léonore expirante !

TRANSTAMARE *(courant à Léonore)*
Tu meurs !....ô jour sanglant d'horreur & d'é-
pouvante !

LÉONORE.
Laisse-moi, malheureux ! que t'importent mes jours!
Va, je hais ta pitié, j'abhorre ton secours. —
(elle fait effort pour prononcer ces deux vers ci)
A ta seule clémence, ô Dieu ! je m'abandonne !
Pardonne-moi ma mort. C'est lui qui me la donne.

TRANSTAMARE.
Où suis-je? & qu'ais-je fait ?

GUESCLIN.
Deux crimes que le ciel
Aurait dû prévenir d'un suplice éternel. —
Enfin, vous régnerez, barbare que vous êtes,

Vous joüirez en paix des horreurs que vous faites ;
Vous aurez des flateurs à vous plaire affidus,
Des fuppots du menfonge à vos ordres vendus ;
Qui tous diffimulans une action fi noire,
Se deshonoreront pour fauver votre gloire :
Moi, qui n'ai jamais fçu ni feindre, ni plier
Je vous dégrade ici du rang de chevalier.
Vous en êtes indigne, & ce coup déteftable
Envers l'honneur & moi vous a fait trop coupable.
Tiran, fongez-vous bien qu'un frère infortuné
Affaffiné par vous, vous avait pardonné !
Je retourne à Paris faire rougir mon maître
Qui vous a protégé ne pouvant vous connaître.
Et je vous punirais fi j'ofais prévenir
Les ordres de mon roi qu'il me faut obtenir ;
Si je pouvais agir par ma propre conduite ;
Si je livrais mon cœur au couroux qui l'irrite.
Puiffe Dieu par pitié pour vos triftes fujets
Vous donner des remords égaux à vos forfaits !
Puiffiez-vous expier le fang de votre frère !
Mais puifque vous régnez, mon cœur en défefpère.

TRANSTAMARE.

Je m'en dis encor plus.—Au crime abandonné—
Léonore & mon frère, & Dieu m'ont condamné.

Fin du cinquieme & dernier Acte.

AVIS DE L'ÉDITEUR.

Nous ajoutons ce petit ouvrage de Mr.
DE CHAMBON, si connu dans la république
des lettres, à la tragédie de DON PEDRE,
pour faire un juste volume.

ÉLOGE
HISTORIQUE
DE LA
RAISON,

Prononcé dans une Académie de Province,

Par M. DE CHAMBON.

1774.

MESSIEURS,

ÉRasme fit, au seizième siècle, l'Eloge de la Folie. Vous m'ordonnez de vous faire l'Eloge de la Raison. Cette Raison n'est fêtée en effet tout au plus que deux-cents ans après son Ennemie; souvent beaucoup plus tard; & il y a des nations chez lesquelles on ne l'a point encor vue.

Elle était fi inconnue chez nous du tems des Druides, qu'elle n'avait pas même de nom dans notre langue. Céfar ne l'apporta ni en Suiffe ni à Autun ; ni à Paris, qui n'était alors qu'un hameau de pêcheurs ; & lui-même ne la connut guères.

Il avait tant de grandes qualités, que la Raifon ne put trouver de place dans la foule. Ce magnanime infenfé fortit de notre pays dévafté pour aller dévafter le fien, & pour fe faire donner vingt-trois coups de poignard par vingt-trois autres illuftres enragés qui ne le valaient pas à beaucoup près.

Le ficambre Clodvich, ou Clovis, vint environ cinq cents années après, exterminer une partie de notre nation & fubjuguer l'autre. On n'entendit parler de Raifon ni dans fon armée, ni dans nos malheureux petits villages, fi ce n'eft de la Raifon du plus fort.

Nous croupîmes longtems dans cette horrible & aviliffante barbarie. Les Croifades ne nous en tirèrent pas. Ce fut à la fois la folie la plus univerfelle, la plus atroce, la plus ridicule & la plus malheureufe. Une autre folie, non moins horrible, qui fe difait non moins facrée, & qui extermina tant de gens de la Langue-de-oc & de la Langue-de-oueil, fuccèda à ces Croifades lointaines.

La Raison n'avait garde de se trouver là. Alors la politique régnait à Rome ; elle avait pour ministres ses deux sœurs, la Fourberie & l'Avarice. On voyait l'Ignorance, le Fanatisme, la Fureur, courir sous ses ordres dans l'Europe : la pauvreté les suivait par tout ; la Raison se cachait dans un puits avec la Vérité sa fille. Personne ne savoit où était ce puits ; & si on s'en était douté, on y serait descendu pour égorger la fille & la mère.

Après que les Turcs eurent pris Constantinople, & redoublé les malheurs épouvantables de l'Europe, deux ou trois Grecs, en s'enfuyant, tombèrent dans ce puits, ou plutôt dans cette caverne, demi morts de fatigue, de faim & de peur.

La Raison les reçut avec humanité, leur donna à manger, sans distinction du gras & du maigre, (chose qu'ils n'avaient jamais connue à Constantinople.) Ils reçurent d'elle quelques instructions en petit nombre : car la Raison n'est pas prolixe. Elle leur fit jurer qu'il ne découvriraient pas le lieu de sa retraite ; ils partirent & arrivèrent, après bien des courses, à la cour de Charles-Quint & de François-Premier.

On les y reçut comme des jongleurs, qui venaient faire des tours de souplesse pour amuser l'oisiveté des courtisans & des dames dans les intervalles de leurs rendez-vous. Les ministres dai-

gnèrent les regarder dans les momens de relâche
qu'ils pouvaient donner au torrent des affaires. Ils
furent même accueillis par l'Empereur, & par le
roi de France, qui jettèrent sur eux un coup d'œil
en passant, lorsqu'ils allaient chez leurs maîtresses; mais ils firent plus de fruit dans de petites
villes où ils trouvèrent de bon bourgeois qui a-
vaient encor, je ne sais comment, quelque lueur
de sens-commun.

Ces faibles lueurs s'éteignirent dans toute l'Europe parmi les guerres-civiles qui la désolèrent.
Deux ou trois pâles étincelles de raison ne pouvaient pas éclairer le monde au milieu des torches
ardentes & des buchers que le fanatisme alluma
pendant tant d'années. La Raison & sa fille se ca-
chèrent plus que jamais.

Les disciples de leurs premiers apôtres se tu-
rent, excepté quelques-uns qui furent assez incon-
sidérés pour prêcher la Raison déraisonnablement,
& à contre-tems : il leur en couta la vie, comme à Socrate ; mais personne n'y fit attention.
Rien n'est si désagréable que d'être pendu obscurément. On fut occupé si longtems des saints-
Barthélemis, des saints massacres d'Irlande, des
saints échaffauts de la Hongrie, des sacrés assas-
sinats des rois & des princes, qu'on n'avait ni assez de tems, ni assez de liberté d'esprit pour pen-

fer aux menus crimes & aux calamités fecrètes qui inondaient le monde d'un bout à l'autre.

La Raifon, informée de ce qui fe paffait, par quelques exilés qui fe réfugièrent dans fa retraite, fut touchée de pitié, quoiqu'elle ne paffe pas pour être fort tendre. Sa fille, qui eft plus hardie qu'elle, l'encouragea à voir le monde, & à tâcher de le guérir. Elles parurent, elles parlèrent; mais elles trouvèrent tant de méchans intéreffés à les contredire, tant d'imbécilles aux gages de ces méchans, tant d'indifférens uniquement occupés d'eux-mêmes & du moment préfent, & ne s'embaraffant ni d'elles ni de leurs ennemis, qu'elles regagnèrent fagement leur afile. Cependant quelques femences des fruits qu'elles portent toujours avec elles, & qu'elles avaient répandues, germèrent fur la terre, & même fans pourir : quoiqu'on enfeignât que tout grain doit pourir & mourir pour germer.

Enfin il y a quelque tems qu'il leur prit envie d'aller à Rome en pélérinage, déguifées & cachant leur nom, de peur de l'Inquifition, qui arma toujours contr'elles des jacobins & des boureaux.

Dès qu'elles furent arrivées, elles s'adreffèrent à frère François, cuifinier du Pape Ganganelli Clément XIV. Elles favaient que c'était le cuifinier de Rome le moins occupé. On peut dire même qu'il était, après vos confesseurs, Messieurs, l'homme le plus désœuvré de sa profession.

Ce bon homme, après avoir donné aux deux pélerines un diner presqu'aussi frugal que celui du Pape, les introduisit chez Sa Sainteté, qu'elles trouverent lisant les pensées de Marc-Aurèle. Le Pape reconnut les masques, les embrassa cordialement, malgré l'étiquette....... Mesdames (leur dit-il) si j'avais pu imaginer que vous fussiez sur la terre, je vous aurais fait la première visite.

Après les complimens on parla d'affaires. Dès le lendemain Ganganelli abolit la Bulle *In cœnâ Domini*, l'un des plus grands monumens de la folie humaine, qui avait si longtems outragé tous les Potentats. Le sur-lendemain il prit la résolution de détruire la compagnie de Garasse, de Guignar, de Garnet, d'Oldecorn, de Malagrida, de Buzambaum, de Paulian, de Patouillet, de Nonotte ; & l'Europe battit des mains. Le sur-lendemain il diminua les impôts dont le peuple se plaignait ; il encouragea bientôt l'agriculture & tous les arts ; il se fit aimer de tous ceux qui passaient pour les ennemis de sa place. On eut dit alors dans Rome qu'il n'y avait qu'une nation & qu'une loi dans le monde.

Les deux pélerines, très-étonnées & très-satisfaites, prirent congé du Pape qui leur fit présent, non d'agnus & de reliques, mais d'une bonne chaife roulante pour continuer leurs voyages. La Raifon & la Vérité n'avaient pas été jufques-là dans l'habitude d'avoir leurs aifes.

Elles vifitèrent toute l'Italie, & furent furprifes d'y trouver, au lieu du Machiavélifme, une émulation entre les Princes & les Républiques, depuis Parme jufqu'à Turin, à qui rendrait fes fujets plus gens de bien, plus riches & plus heureux.

Ma fille, (difait la Raifon à la Vérité) voici, je crois, notre règne qui commence à advenir, après notre longue prifon. Il faut que quelques-uns des Prophêtes, qui font venus nous vifiter dans notre puits, ayent été bien puiffants en paroles & en œuvres, pour changer ainfi la face de la terre. Vous voyez que tout vient tard : il fallait paffer par les ténébres de l'ignorance & du menfonge, avant de rentrer dans votre palais de lumière, dont vous avez été chaffée avec moi, pendant tant de fiecles. *Poft tenebras lux.* Il nous arrivera ce qui eft arrivé à la nature ; elle a été couverte d'un méchant voile, & toute défigurée pendant des fiècles innombrables. A la fin il eft venu un Galilée, un Copernic, un Neuton, qui l'ont montrée prefque nue, & qui en ont rendu les hommes amoureux.

En converfant ainfi, elles arrivèrent à Venife.

Ce qu'elles y confidérèrent avec le plus d'attention ce fut un Procurateur de St. Marc, qui tenait une grande paire de cifeaux devant une table toute couverte de griffes, de becs & de plumes noires.

Ah ! (s'écria la Raifon) Dieu me pardonne ; *luftriffimo Signor*, je crois que voilà une de mes paires de cifeaux que j'avais apportées dans mon puits, lorfque je m'y réfugiai avec ma fille ! Comment votre Excellence les a-t-elle eues, & qu'en faites-vous ?

Luftriffima Signora, (lui répondit le Procurateur) il fe peut que ces cifeaux ayent appartenu autrefois à votre excellence ; mais ce fut un nommé Fra-Paolo qui nous les apporta il y a long-tems ; & nous nous en fervons pour couper les griffes de l'Inquifition, que vous voyez étalées fur cette table.

Ces plumes noires appartiennent à des harpies, qui venaient manger le diner de la République. Nous leur rognons tous les jours les ongles & le bout du bec. Sans cette précaution, elles auraient fini par tout avaler ; il ne ferait rien refté pour les fages Grands, ni pour les Pregadi, ni pour les Citadins. Si vous paffés par la France, vous trouverez peut-être à Paris votre autre paire de cifeaux chez un miniftre efpagnol qui s'en fervait au même ufage que nous dans fon pays, & qui fera un jour béni du genre humain.   Les

Les voyageuſes, après avoir aſſiſté à l'Opéra vé-
nitien, partirent pour l'Allemagne. Elles virent
avec ſatisfaction ce pays qui, du tems de Charlemagne, n'était qu'une forêt immenſe entre-cou-
pée de marais, maintenant couvert de villes flo-
riſſantes & tranquilles ; ce pays peuplé de ſouverains autrefois barbares & pauvres, devenus tous
polis & magnifiques ; ce pays qui n'avait eu, dans
les tems antiques, que des ſorcières pour prê-
tres, immolant alors des hommes ſur des pierres
groſſièrement creuſées ; ce pays, qui enſuite avait
été inondé de ſon ſang pour ſavoir au juſte ſi la
choſe était *in, cum, ſub*, ou bien ſi on mangeait
en idée ; ce pays qui enfin recevait dans ſon ſein
trois religions ennemies, étonnées de vivre paiſi-
blement enſemble. — Dieu ſoit béni, dit la Raiſon ! Ces gens-ci ſont venus enfin à moi, à force
de démence.

On l'introduiſit chez une Impératrice qui était
bien plus raiſonnable : car elle était bienfaiſante.
Les pélerines furent ſi contentes d'elle, qu'elles ne
prirent pas garde à quelques uſages qui les cho-
quèrent ; mais elles furent toutes deux amoureu-
ſes de l'empereur ſon fils.

Leur étonnement redoubla quand elles furent
en Suède. Quoi ! (dirent-elles) une révolution ſi
difficile, & cependant ſi prompte !... ſi périlleu-

fe & pourtant fi paifible !... Et depuis ce grand
jour, pas un feul jour perdu fans faire du bien ;
& tout cela dans l'âge qui eft fi rarement celui de
la raifon !... Que nous avons bien fait de fortir
de notre cache, quand ce grand événement faifif-
fait d'admiration l'Europe entière !

De là, elles pafferent vite par la Pologne. Ah,
ma mère ! quel contrafte ! (s'écria la Vérité) Il
me prend envie de regagner mon puits. Voilà ce
que c'eft que d'avoir écrafé toujours la portion
du genre-humain la plus utile, & d'avoir traité
les cultivateurs plus mal qu'ils ne traitent leurs
animaux de labourage ! Ce chaos de l'anarchie ne
pouvait fe débrouiller autrement que par une ruine ; on l'avait affez clairement prédite. Je plains
un Monarque vertueux, éclairé & humain ; & j'o-
fe efpérer qu'il fera enfin heureux ; puifque les autres rois commencent à l'être, & que vos lu-
mières fe communiquent de proche en proche.

Elles continuerent leur voyage dans le Nord,
& voulurent voir les bords de la Sprée. On leur
avait dit qu'elles y trouveraient un philofophe ;
mais elles n'y virent d'abord que des multitudes
de grands garçons bien faits qui marchaient en
cadence au fon du tambour, le jarret tendu, l'air
fier & pofé, la mine affurée, & fe fervant mer-
veilleufement d'une machine infernale qu'ils por-

taient sur l'épaule. Voilà de plaisans philosophes,
dirent-elles : mais enfin elles entrèrent dans la
tente de leur maître ; elles le trouvèrent assis tranquilement à une petite table, l'air doux & re-
cueilli, ne fesant nulle attention au tintamare
dont il était l'auteur, lisant, comme Ganganeli,
les ouvrages de Marc-Aurele & du neveu de Cons-
tantin, écrivant sous la dictée de Minerve & des
Graces, se moquant des mensonges qui ont gou-
verné le monde. Il y avait auprès de lui une aigle
romaine ornée de lauriers, mais dans le fond de
son cœur il aimait mieux le cigne de Mantoue.
Les deux voyageuses s'entretinrent avec lui comme avec leur frère. La Vérité lui fit un léger re-
proche de s'être brouillé une fois avec un des plus
sincères serviteurs de cette Vérité & de lui ; mais
apprenant que tout était raccommodé, elle fut
extrêmement satisfaite.

De là elles coururent au grand objet de leur
voyage, à cette immense région hiperborée que
les anciens croyaient couverte de ténèbres éter-
nelles, & d'où part aujourd'hui la lumière. C'é-
tait une création, un autre univers. Elles y virent le temple de la gloire entre ceux de la guerre
& des beaux arts. Elles apperçurent de loin sur
un rocher de pierres précieuses un cheval qui sem-

blait s'élancer vers le ciel ; ce cheval coloffal portait un héros, vainqueur d'un autre héros.

La Vérité dit à fa mère : j'ai vu il y a fept ou huit mille ans conftruire les groffes maffes égyptiaques. Elles m'étonnèrent ; mais ce monument m'étonne & me ravit. En voici un autre, lui dit la Raifon, qui vous plaira d'avantage : c'eft une femme victorieufe des Ottomans, & légiflatrice du plus vafte empire de l'univers, qui caufe dans un coin avec un philofophe après avoir accordé la paix au Sultan, & donné un carouzel & un bal, tandis qu'un de fes courtifans * écrit en vers français à Ninon dans un ftile fupérieur à celui de l'abbé de Chaulieu, & qu'un autre † écrit à vous & à moi dans le même ftile.

Quand les pélerines furent en Angleterre, la Vérité dit à fa mère : Il me femble que le bonheur de cette nation n'eft point fait comme celui des autres. Elle a été plus folle, plus fanatique, plus cruelle & plus malheureufe qu'aucune de celles que je connais ; & la voilà qui s'eft fait un gouvernement unique, dans lequel on a confervé tout ce qu'une monarchie a d'utile, & tout ce

* Le comte de Schovalof, chambellan, & l'un des préfidens de la légiflation.
† Un fils du maréchal de Romanzof qui a tant battu les Turcs, & qui les aurait chaffés de l'Europe, fi....

qu'une république a de néceffaire. Elle eft fupé-
rieure dans la guerre, dans les loix, dans les arts,
dans le commerce. Je la vois feulement embaraf-
fée de l'Amérique feptentrionale qu'elle a conquife
à un bout de l'univers ; & des plus belles provin-
ces de l'Inde fubjuguées à l'autre bout. Comment
portera-t-elle ces deux fardeaux de fa félicité ?
— Le poids eft lourd (dit la Raifon); mais pour
peu qu'elle m'écoute, elle trouvera des léviers
qui le rendront très-léger, pourvu que la mère
fache gouverner fes filles.

Enfin la Raifon & la Vérité pafferent par la
France ; elles y avaient fait déja quelques appa-
ritions, & en avaient été chaffées. — Vous fou-
vient-il (difait la Vérité à fa mère) de l'extrême
envie que nous eumes de nous établir chez les
Français dans les beaux jours de Louis XIV ?
Mais les querelles impertinentes des Jéfuites &
des Janféniftes nous firent enfuir bientôt ; & en-
fuite les plaintes continuelles des peuples ne nous
rappellèrent pas. J'entends à préfent les acclama-
tions de vingt millions d'hommes qui béniffent le
ciel. Les uns difent : *Cet avénement eft d'autant
plus joyeux que nous n'en payons pas la joye....*
Les autres crient : *Le luxe n'eft que vanité ; les
doubles emplois, les dépenfes fuperflues, les profits
exceffifs vont être retranchés.* — Et ils ont raifon.

G 3

= Tout impôt nouveau va être aboli. — Et ils ont tort : car il faut que chaque particulier paye pour le bonheur général. = *Les loix vont être uniformes.* — Rien n'eft plus à défirer ; & pourquoi dit-on que cette entreprife eft difficile ? = *On va repartir aux indigens qui travaillent, & furtout aux pauvres officiers, les biens immenfes de certains oififs qui ont fait vœu de pauvreté. Ces gens de main-morte n'auront plus eux-mêmes des efclaves de main-morte. On ne verra plus des huiffiers de moines chaffer de la maifon paternelle des orphelins réduits à la mendicité, pour enrichir de leurs dépouilles un couvent jouiffant des droits feigneuriaux qui font les droits des anciens conquérans. On ne verra plus des familles entières demandant vainement l'aumône à la porte de ce couvent qui les dépouille.* — Plut à Dieu ! Rien n'eft plus digne d'un roi. Le roi de Sardaigne a détruit chez lui cet abus abominable. Faffe le ciel que cet abus foit exterminé en France !

= N'entendez-vous pas ma mère, toutes ces voix qui difent : *Les mariages de cent mille familles, utiles à l'état, ne feront plus réputés concubinages ; & les enfans ne feront plus déclarés bâtards par la loi.* — La nature, la juftice, & vous, ma mère, tout demande un nouveau réglement fur ce grand objet : car enfin il faut bien que les enfans ayent des pères.

DE LA RAISON. 103

== On rendra la profession de soldat si honorable, que l'on ne sera plus tenté de déserter. — La chose est possible, mais délicate.

== Les petites fautes ne seront plus traitées comme les plus grands crimes ; parce qu'il faut de la proportion à tout. Une loi barbare, obscurément conçue, mal interprêtée ne fera plus périr sous les barres de fer & dans les flammes des enfans indiscrets & indécens, comme s'ils avaient assassiné leurs pères & leurs mères. — Ce devrait être le premier axiome de la justice criminelle ; & il faut être Cannibale pour l'oublier.

== Les biens d'un père de famille ne seront plus confisqués ; parce que les enfans ne doivent point mourir de faim pour les fautes de leur père ; & que le roi n'a nul besoin de cette misérable confiscation. — A merveille ! Et cela est digne de la magnanimité du Souverain.

== La torture, inventée pour sauver le coupable robuste, & pour perdre l'innocent faible de corps & d'esprit, ne sera plus en usage que dans les crimes de leze-société au premier chef ; & seulement pour avoir révélation des complices ; mais ces crimes ne se commettront plus. — On ne peut mieux. Voilà les vœux que j'entends faire par tout. Et j'écrirai tous ces grands changemens dans mes annales, moi qui suis la Vérité.

G 4

La Raiſon lui répondit : ma fille, vous ſentez bien que je déſire les mêmes choſes & beaucoup d'autres. Mais la Raiſon n'eſt pas impatiente dans ſes deſirs ; elle ſait attendre ; elle ſait ſe réſigner. J'ai toujours été très-contente quand, dans mes chagrins, j'ai obtenu une petite partie des ſoula-gemens que je voulais. Je ſuis aujourd'hui trop heureuſe.

Vous ſouvenez-vous du tems où preſque tous les rois de la terre, étant dans une profonde paix, s'amuſaient à jouer aux énigmes ; & où la belle reine de Saba venait propoſer, tête à tête, des logogrifes à Salomon ? Des logogrifes, ma mère ! une reine de Saba ! je ne m'en ſouviens point. Je veux croire que c'était un bon tems ; mais il n'a pas duré. ══ Eh bien, celui-ci eſt infiniment meil-leur. On ne ſongeait alors qu'à montrer un peu d'eſprit, & même de l'eſprit très-ampoulé, que l'on a depuis appellé galimatias. Et je vois que depuis peu d'années on s'eſt appliqué, dans l'Eu-rope, aux arts & aux vertus néceſſaires qui adou-ciſſent l'amertume de la vie. Il ſemble en général qu'on ſe ſoit donné le mot pour penſer plus ſo-lidement qu'on n'avait fait pendant des milliers de ſiécles. Vous, qui n'avez jamais menti, dites-moi quel tems vous auriez préféré au tems où nous ſommes pour voyager en France ?.... J'ai la réputation (répondit la fille) d'avoir dit des chofes affez dures aux gens chez qui je me trouvais ; & vous favez bien que j'y était forcée. Mais j'avoue que je n'ai guères que du bien à dire du tems préfent, en dépit de tant de gens d'efprit qui ne vantent que le paffé. Je dois inftruire la poftérité que c'eft dans cet âge que les hommes ont appris par de grands exemples à fe garantir d'une maladie affreufe & mortelle , en fe la donnant moins funefte ; à rendre la vie à ceux qui la perdent dans les eaux ; à gouverner & à diffiper le tonnerre ; à fuppléer au point fixe qu'on defire en vain d'Occident en Orient. On a fait plus en morale : on a ofé demander juftice aux loix contre les loix mêmes qui avaient condamné la vertu au fupplice ; & cette juftice a été quelquefois obtenue. Enfin le fanatifme défarmé a été réduit à prononcer avec refpect le mot véritablement facré de tolérance.

Eh bien, ma chère fille, jouiffons de ces beaux jours ; reftons ici, s'ils durent ; & fi les orages furviennent, retournons dans notre puits.

DE
L'ENCYCLOPÉDIE.

UN domeſtique de Louis XV me contait qu'un jour le roi ſon maître ſoupant à Trianon, en petite compagnie, la converſation roula d'abord ſur la chaſſe, & enſuite ſur la poudre à tirer. Quelqu'un dit que la meilleure poudre ſe faiſait avec des parties égales de ſalpêtre, de ſoufre & de charbon. Le duc de la Valli... mieux inſtruit ſoutint que pour faire de bonne poudre à canon il fallait une ſeule partie de ſoufre & une de charbon ſur cinq parties de ſalpêtre diſſous avec du nitre bien filtré, bien évaporé, & bien criſtalliſé.

Il eſt plaiſant dit le duc de N... que nous nous amuſions tous les jours à tuer des perdrix dans le parc de Verſailles, & quelques fois à tuer des hommes, ou à nous faire tuer ſur la frontière, ſans ſavoir préciſément avec quoi on tue.

Hélas! nous en ſommes réduits là ſur toutes les choſes de ce monde, répondit madame De Pompadour, Je ne ſais pas dequoi eſt compoſé le rou-

ge que je me mets fur mes joues, & on m'em-
barafferait fort fi on me demandait comment on
fait les bas de foye dont je fuis chauffée.

C'eft dommage, dit alors le duc de la Valli...
que Sa Majefté nous ait confifqué nos dictionnai-
res encyclopédiques qui nous ont coûté chacun
cent piftoles ; nous y trouverions bientôt la décifion de toutes nos queftions.

Le roi juftifia fa confifcation. Il avait été aver-
ti que les vingt & un volumes in-folio qu'on trouvait fur la toilette de toutes les dames, étaient là
chofe du monde la plus dangereufe pour le royaume de France ; & il avait voulu favoir par lui-
même fi l'accufation était fondée, avant de per-
mettre qu'on lut ce livre ; il envoya fur la fin du
fouper chercher un exemplaire par trois garçons
de la chambre qui aportèrent chacun fept volumes
avec bien de la peine.

On vit à l'article poudre que le duc de la
Valli... avait raifon ; & bientôt madame de Pompadour aprit la différence entre l'ancien rouge
d'Efpagne dont les dames de Madrid coloraient
leurs joues, & le rouge des dames de Paris. Elle
fçut que les dames Grecques & Romaines, étaient
peintes avec de la poudre qui fortait du Murex,
& que par conféquent notre écarlate était la pour-
pre des anciens ; qu'il entrait plus de fafran dans

le rouge d'Efpagne , & plus de cochenille dans celui de France.

Elle vit comme on lui fefait fes bas au métier ; & la machine de cette manœuvre la ravit d'étonnement.

Ah ! le beau livre , s'écria-t-elle. Sire, vous avez donc confifqué ce magazin de toutes les chofes utiles pour le poffédér feul, & pour être le feul favant de votre royaume ?

Chacun fe jettait fur les volumes comme les filles de Lycomède fur les bijoux d'Uliffe. Chacun y trouvait à l'inftant tout ce qu'il cherchait. Ceux qui avaient des procès étaient furpris d'y voir la décifion de leurs affaires. Le roi y lut tous les droits de fa couronne. Mais vraiment, dit-il , je ne fais pas pourquoi on m'avait dit tant de mal de ce livre. Eh, ne voyez-vous pas , lui dit le duc de N... que c'eft parce qu'il eft fort bon ? On ne fe déchaîne contre le médiocre & le plat en aucun genre. Si les femmes cherchent à donner du ridicule à une nouvelle venue , il eft fûr qu'elle eft plus jolie qu'elles.

Pendant ce tems-là on feuilletait, & le comte de C.... dit tout haut : Sire , vous êtes trop heureux qu'il fe foit trouvé fous votre règne des hommes capables de connaître tous les arts & de les tranfmettre à la poftérité. Tout eft ici, depuis la manière de faire une épingle jufqu'à celle de fondre & de pointer vos canons ; depuis l'infiniment petit jufqu'à l'infiniment grand. Remerciez Dieu d'avoir fait naître dans votre royaume ceux qui ont fervi ainfi l'Univers entier. Il faut que les autres peuples achètent l'Encyclopédie ou qu'ils la contrefaffent. Prenez tout mon bien , fi vous voulez ; mais rendez-moi mon Encyclopédie.

On dit pourtant , repartit le roi , qu'il y a bien des fautes dans cet ouvrage fi néceffaire & fi admirable.

Sire , reprit le comte de C.... il y avait à votre foupé deux ragouts manqués , nous n'en avons pas mangé , & nous avons fait très-bonne chère. Auriez-vous voulu qu'on jettât tout le foupé par la fenêtre à caufe de ces deux ragouts ? Le roi fentit la force de la raifon. Chacun reprit fon bien. Ce fut un beau jour.

L'envie & l'ignorance ne fe tinrent pas pour battues , ces deux fœurs immortelles continuèrent leurs cris , leurs cabales , leurs perfécutions. L'ignorance en cela eft très-favante.

Qu'arriva-t-il ? les étrangers firent quatre éditions de cet ouvrage français profcrit en France, & gagnèrent environ dix-huit cent mille écus.

Welches , tachez dorénavant d'entendre mieux vos intérêts. Welches , ce n'eft pas affez de les

aimer, il faut les connaître. Welches, pauvres
Welches, vous avez imprimé Rabelais avec pri-
vilége, & vous avez depuis peu profcrit l'éloge
du grand patriote Fénélon. Vous commençâtes
par profcrire l'hiſtoire de cet autre patriote de De
Thou. Vous défendites fous peine de mort qu'on
fut d'un avis contraire à Ariſtote. Vous égorgeates
Ramus, parce qu'il avait fondé une école de mathématiques, & qu'il avait contredit Ariſtote fur
les cathégories. Vous, vous, vous, &c.... vous
avez perfécuté ceux qui, qui, qui, &c. ... vous
penfez être des Athéniens parce que vous avez été
frivoles, inconſtants, impétueux, fuperſtitieux,
très-barbares, comme les Grecs l'ont été quelquefois ; mais vous n'avez pas comme eux inventé
les beaux arts. Welches, Welches, écoutez les vrais
français qui vous inſtruifent depuis Montagne &
Charon juſqu'à Bayle ; & depuis Bayle juſqu'à....
juſqu'à.... juſqu'à. ...

DIALOGUE
DE PÉGASE
ET
DU VIEILLARD.*

PÉGASE.

QUe fais-tu dans ces champs au coin d'une mazure ?

LE VIEILLARD.

J'exerce un art utile, & je sers la nature.
Je défriche un désert ; je séme & je bâtis.

PÉGASE.

Que je vois en pitié tes sens appesantis !
Que tes goûts sont changés, & que l'âge te glace !
Ne reconnais-tu plus ton coursier du Parnasse ?
Monte moi.

LE VIEILLARD.

Je ne puis. Notre maître Apollon,
Comme moi, dans son tems, fut berger & maçon.

---

* Nous réimprimons les deux petites piéces suivantes,
parce qu'on en a fait trop d'éditions fautives.

PÉGASE.

Oui ; mais rendu bientôt à sa grandeur première ,
Dans les plaines du ciel il sema la lumière ;
Il reprit sa guitarre ; il fit de nouveaux vers ;
Des filles de mémoire il régla les concerts.
Imite en tout le Dieu dont tu cites l'exemple :
Les doctes Sœurs encor pouraient t'ouvrir leur
     temple :
Tu pourais dans la foule heureusement guidé ,
Et suivant d'assez loin le sublime *Vadé* (1)
Retrouver une place au séjour du Génie.

LE VIEILLARD.

Hélas ! j'eus autrefois cette noble manie.
D'un espoir orgueilleux honteusement déçu ,
Tu fais, mon cher ami, comme je fus reçu,
Et comme on bafoua mes grandes entreprises.
A peine j'abordai, les places étaient prises.
Le nombre des élus au Parnasse est complet ;
Nous n'avons qu'à jouïr, nos pères ont tout fait.
Quand l'œillet, le narcisse, & les roses vermeilles
Ont prodigué leurs sucs aux trompes des abeilles,
Les bourdons sur le soir y vont chercher en vain
Ces parfums épuisés qui plaisaient au matin.

  Ton Parnasse d'ailleurs & ta belle écurie,
Ce palais de la Gloire est l'antre de l'Envie.
Homère , cet esprit si vaste & si puissant,

                    N'eut

N'eut qu'un imitateur, & Zoïle en eut cent.

Je gravis avec peine à cette double cime,
Où la mesure antique a fait place à la rime ;
Où Melpomène en pleurs étale en ses discours
Des rois du tems passé la gloire & les amours.
Pour contempler de près cette grande merveille,
Je me mis dans un coin sous les pieds de Corneille.
Bientôt *Martin Fréron* (5), prompt à me corriger,
M'apperçut dans ma niche & m'en fit déloger.
Par ce juge équitable exilé du Parnasse,
Sans secours, sans amis, humble dans ma disgrace ;
Je voulus adoucir par des regards flateurs,
Par quelques soins polis, mes frères les auteurs ;
Je n'y réussi point ; leur bruyante séquelle
A connu rarement l'amitié fraternelle :
Je n'ai pu désarmer *Sabotier* (3) mon rival.
Le Parnasse a bien fait de n'avoir qu'un cheval ;
Si nous en avions deux, ils se mordraient sans
    doute.
    J'ai vu les beaux esprits ; je sais ce qu'il en coute.
Il fallut, malgré moi, combattre soixante ans,
Les plus grands écrivains les plus profonds savans,
Toujours en faction, toujours en sentinelle :
Ici, c'est l'abbé *Guyon* ; (4) plus bas, c'est La-
    beaumelle. (5)
Leur nombre est dangereux. J'aime mieux desor-
    mais

H

Les languiſſans plaiſirs d'une inſipide paix.

Il faut que je te faſſe une autre confidence.

La poſte , comme on ſait , conſole de l'abſence :

Les frères , les époux , les amis , les amans

Surchargent les couriers de leurs beaux ſentimens :

J'ouvre ſouvent mon cœur en proſe auſſi qu'en rime ;

J'écris une ſottiſe ; auſſi-tôt on l'imprime.

On y joint méchamment le recueil clandeſtin

De mon couſin Vadé , de mon oncle Bazin.

Candide , empriſonné dans mon vieux ſecrétaire ,

En criant *tout eſt bien* , s'enfuit chez un libraire. (6)

Jeañe & la tendre Agnès , & le gourmand Bonneau,

Courent en étourdis de Genève à Breſlau.

Quatre Bénédictins avec leurs doctes plumes

Auraient peine à fournir ce nombre de volumes.

On ne va point , mon fils , fut-on ſur toi monté ,

Avec ce gros bagage , à la poſtérité.

Pour comble de malheur , une foule importune

De bâtards indiſcrets , rebut de la fortune ,

Nés le long du *Charnier* ; nommé des *Innocens* ,

Se gliſſe (1) ſous la preſſe avec mes vrais enfans.

C'en eſt trop. Je renonce à tes neuf Immortelles ;

J'ai beaucoup de reſpect & d'eſtime pour elles ;

Mais , tout change , tout s'uſe , & tout amour

   prend fin :

Va ; vole au mont-ſacré ; je reſte en mon jardin.

PÉGASE.

Tes dégoûts vont trop loin. Tes chagrins font in-
juftes.

Des arts qui t'ont nourri les Déeffes auguftes

Ont mis fur ton front chauve un brin de ce laurier

Qui coëffa Chapelain, Defmarets, Saint-Didier.(8)

N'as-tu pas vu cent fois, à la tragique fcène,

Sous le nom de Clairon, l'altière Melpomène,

Et l'éloquent Le Kain le premier des acteurs

De tes drames rempans ranimant les langueurs,

Corriger, par des tons que dictait la nature,

De ton ftile ampoulé la froide & féche enflure ?

De quoi te plaindrais-tu ? Parle de bonne foi :

Cinquante bons efprits, qui valaient mieux que toi,

N'ont-ils pas à leurs frais, érigé la ftatue

Dont tu n'étais pas digne, & qui leur était due ?

Malgré tous tes rivaux, mon écuyer Pigal

Pofa ton corps tout nu fur un beau pié-d'eftal ;

Sa main creufa les traits de ton vifage étique,

Et plus d'un connaiffeur le prend pour une antique.

Je vis Martin Fréron à le mordre attaché

Confumer de fes dents tout l'ébène ébréché.

Je vis ton bufte rire à l'énorme grimace

Que fit en le rongeant cet apoftat d'Ignace.

Viens donc rire avec nous, viens fouler à tes piés

De tes fots ennemis les fronts humiliés.

Aux fons de ton fifflet vois roulér dans la crotte
Sabatier fur *Clément*, (9) Putouillet (10) fur *No-*
     notte. (11)
Leurs clameurs un moment pouront te divertir.

LE VIEILLARD.

Les cris des malheureux ne me font point plaifir.
De quoi viens-tu flatter le déclin de mon âge ?
La jeuneffe eft maligne, & la vieilleffe eft fage.
Le Sage, en fa retraite, occupé de joüir,
Sans chercher les humains, & pourtant fans les fuïr,
Ne s'embaraffe point des bruïantes querelles
Des auteurs ou des rois, des moines ou des belles.
Il regarde de loin, fans dire fon avis,
Trois Etats polonais doucement envahis
Saint Ignace dans Rome écrafé par St. Pierre,
Ou Clément dans Paris acharné fur Lemierre.
Dans fes champs cultivés, à l'abri des revers,
Le Sage vit tranquille & ne fait point de vers.
Monfieur l'abbé Terrai, pour le bien du royaume,
Préfère un laboureur, un prudent économe
A tous nos vains écrits qu'il ne lira jamais.
Triptolême eft le dieu dont je veux les bienfaits ;
Un bon cultivateur eft cent fois plus utile
Que ne fut autrefois Héfiode ou Virgile.
Le befoin, la raifon, l'inftinct doit nous porter
A faire nos moiffons plutôt qu'à les chanter.

J'aime mieux t'atteler toi-même à ma charue,
Que d'aller fur ton dos voltiger dans la nue.

PÉGASE.

Ah ! doyen des ingrats ! ce trifte & froid difcours
Eft d'un vieux impuiffant qui médit des amours.
Un pauvre homme épuifé fe pique de fageffe.
Eh bien ! tu te fens faible ; écris avec faibleffe ;
Corneille en cheveux blancs fur moi caracola,
Quand en croupe avec lui je portais Attila :
Je fuis tout fier encor de fa courfe dernière.
Tout mortel jufqu'au bout doit fournir fa carrière ;
Et je ne puis fouffrir un changement groffier.
Quoi ! renoncer aux arts, & prendre un vil métier !
Sais-tu qu'un villageois fans efprit, fans fcience,
N'ayant pour tout talent qu'un peu d'expérience,
Fait jaunir dans fon champ de plus riches moiffons
Que n'en eut Mirabeau par fes nobles leçons.
Laiffe un travail pénible aux mains du mercenaire,
Aux journaliers la bêche, aux maçons leur équerre.
Songe que tu naquis pour mon facré vallon.
Chante encor avec Pope , & penfe avec Platon ;
Ou rime en vers badins les leçons d'Epicure,
Et ce *Syftême* heureux qu'on dit *de la nature*.
Pour la derniere fois veux-tu me monter ?

LE VIEILLARD.

Non.

H 3

Apprends que tout syſtême offenſe ma raiſon.
Plus de vers, & ſur-tout plus de philoſophie.
A rechercher le vrai j'ai conſumé ma vie ;
J'ai marché dans la nuit ſans guide & ſans flambeau :
Hélas voit-on plus clair au bord de ſon tombeau ?
A quoi peut nous ſervir ce don de la penſée ;
Cette lumière faible, incertaine éclipſée ?
Je n'ai penſé que trop. Ceux qui par charité
Ont au fond de leur puits noyé la vérité,
Font repentir ſouvent l'imprudent qui l'en tire.
Je me tais. Je ne veux rien ſavoir, ni rien dire.

PEGASE.

Eh bien ! végète & meurs. Je revole à Paris
Préſenter mon ſervice à de profonds eſprits ;
Les uns, dans leurs greniers fondant des républi-
      ques,
Les autres ébranchant les verges monarchiques.
J'en connais qui pourraient, loin des profânes yeux,
Sans le ſecours des vers, élevés dans les cieux,
Emules fortunés de l'eſſence éternelle,
Tout faire avec des mots, & tout créer comme elle.
Ils ont beſoin de moi dans leurs inventions.
J'avais porté *René* (12) parmi ſes tourbillons ;
Son diſciple plus fou (13) ; mais non pas moins ſu-
      perbe,
Etait monté ſur moi, quand il parlait au Verbe.

J'ai des amis en profe & bien mieux infpirés
Que tes héros du Pinde aux rimes confacrés :
Je vais porter leurs noms dans les deux hémifphères.

LE VIEILLARD.

Adieu donc : bon voyage au pays des chimères.

NOTES

De Monfieur DE MORZA.

(1) *Vadé*, écrivain de la foire fous le nom duquel l'auteur de l'Ecoffaife fe cacha par modeftie.

(2) *Martin Fréron*, Martin n'eft pas fon nom de batème ; ce n'eft que fon nom de guerre. Il s'eft déchaîné, dit-on, pendant vingt-ans contre l'auteur de ce Dialogue, pour faire vendre fes feuilles. *Qua menfura menfi fueritis, eadem reme-tietur vobis.* Il s'eft attiré l'Ecoffaife, & nous en fommes bien fâchés.

(3) *Sabotier mon rival.* L'abbé Sabotier ou Sabatier ; natif de Caftres, ne s'eft pas exercé dans les mêmes genres que le chantre de Henri IV, & le peintre qui a deffiné le fiècle de Louis XIV & de Louis XV. Ainfi il ne peut être fon rival. S'il s'était donné aux mêmes études, il aurait été fon maître fans doute.

Cet abbé avait fait en 1771 un Dictionnaire de littérature, dans lequel il lui prodiguait des éloges outrés ; ce livre ne fe vendit point. Mais il en fit un autre en 1772 intitulé les trois fiècles, dans lequel il prodiguait des calomnies & il fe ven-

dit. Il infulta Meſſieurs d'Alembert, de St. Lambert, Mar-
montel, Thomas, Diderot, Bauzée, La Harpe, de Lille,
& vingt autres gens de lettres vivants, dont il faudrait reſ-
pecter la mémoire s'ils étaient morts.

Mais celui que Meſſieurs Sabotier & Clément ont déchi-
ré avec l'acharnement le plus emporté, eſt un vieillard de
quatre-vingt ans qui ne pouvait pas ſe défendre.

Il eſt permis, il eſt utile de dire ſon ſentiment ſur des
ouvrages, ſur-tout quand on le motive par des raiſons ſo-
lides, ou du moins ſéduiſantes. S'il ne s'agiſſait que de littérature, nous dirions qu'il eſt très-injuſte d'accuſer l'auteur
de la Henriade & du ſiècle de Louis XIV, occupé de cé-
lébrer la gloire des grands hommes de ce ſiècle, de ne leur
avoir pas rendu juſtice. Nous dirions que perſonnes n'a parlé avec plus de ſenſibilité des admirables ſcènes de Corneille, de *la perfection déſeſpérante* du ſtile de Racine (comme
s'exprime Mr. De La Harpe) de la perfection non moins
déſeſpérante de l'art poëtique, & de pluſieurs belles épîtres
de Boileau.

Nous dirions que ſa liſte des grands écrivains de ce ſiècle
mémorable, contient l'éloge raiſonné de l'inimitable Mo-
lière, qu'il regarde comme ſupérieur à tous les comiques
de l'antiquité; celui de La Fontaine qui a ſurpaſſé Phèdre
par ſa naïveté & par ſes graces; celui de Quinault qui n'eut
ni modèles ni rivaux dans ſes opéra. Nous dirions qu'il a
rendu des hommages aux Boſſuet, aux Fénélon, à tous
les hommes de génie, à tous les ſavans.

Nous ajouterions qu'il aurait été indigne d'aprécier leurs
extrêmes beautés s'il n'avait pas connu leurs fautes inſépa-
rables de la faibleſſe humaine. Que c'eût été une grande
impertinence de mettre ſur le même rang Cinna & Pertha-
rite, Polyeucte & Théodore, & d'admirer également les
excellentes fables de La Fontaine & celles qui ſont moins

heureufes. Il faut plus encor , il faut favoir difcerner dans le même ouvrage une beauté au milieu des défauts , & un vice de langage , un manque de juftefe dans les penfées les plus fublimes. C'eft en quoi confifte le goût. Et nous pourions affûrer que l'auteur du fiécle de Louis XIV , après foixante ans de travaux , était peut-être alors aufli en droit de dire fon avis que l'eft aujourd'hui Mr. Sabotier.

Mais il s'agit ici d'acculations plus importantes. C'eft peu que cet abbé , dans l'efpérance de plaire à fes fupérieurs dont il ignore l'équité & le difcernement , impute à cent littérateurs de nos jours des fentimens odieux. Il a la cruauté de les appeler *indévots* , *impies*. Il dit en propres mots que l'auteur de la Henriade nie *l'immortalité de l'ame*. C'était bien affez de lui ravir l'immortalité d'Alzire , de Zaïre , de Mérope , dont nous fommes certains qu'il eft peu jaloux , & dont il ne prend point le parti. Il eft trop dur de dépouiller une ame de quatre-vingt ans de la feule vie qui puiffe lui refter dans le tems à venir. Ce procédé eft injufte & mal adroit ; & d'autant plus mal adroit qu'il nous met dans la néceffité de révéler qu'elle eft l'ame de l'abbé dans le tems préfent.

Nous l'avons vu & lu , & nous le tenons entre nos mains, le Spinofa commenté , expliqué , éclairci , embelli , écrit tout entier de la main de monfieur l'abbé ; & nous dépoferons ce monument chez un notaire ou chez un greffier, dès qu'il nous en aura donné la permiffion ; car nous ne voulons pas difpofer d'un tel écrit fans l'aveu de l'auteur. C'eft un égard que nous nous devons les uns aux autres.

Pour les poëfies légères de ce grand critique & de ce grand miffionnaire , nous en uferons un peu plus librement. Voici les preuves de la piété de cet abbé qui eft fi peu indulgent pour les péchés de fon prochain. Voici les preuves du bon goût de celui qui trouve les vers de meffieurs St. Lambert , de Lille , de La Harpe , fi mauvais.

En fortant de la prifon où fes mœurs refpectables l'a-
vaient fait renfermer à Strasbourg, il s'amufa, pour fe diffiper, à faire un conte intitulé le . . . . . . mauvais lieu. Ce
conte commence ainfi. Et remarquez bien que nous l'avons
écrit de fa main, de la même main que le Spinofa.

> Du tems que la dame *Páris*
> Tenait école floriffante
> De jeux d'amour à jufte prix;
> D'une écolière affez favante,
> Sur les bords de la Seine un jour le pied gliffa;
> La chofe affurément n'était pas merveilleufe,
> Mais la chute dans l'eau n'était pas périlleufe,
> Lorfqu'un moufquetaire paffa.
> Il crut que ce ferait une perte publique
> Que la perte de tant d'appas.
> Auffi, plein d'ardeur héroïque
> Mit-il, fans héfiter, chemife & pourpoint bas, &c;

Nous épargnons fans héfiter aux yeux de nos chaftes lec-
teurs la fuite de ce morceau délicat. Ce n'eft qu'un échan-
tillon de l'élégante poëfie de monfieur l'abbé des trois
fiècles.

Nous lui demandons bien pardon de publier un autre
morceau de fa profe, bien plus touchant & bien plus décifif
(& toujours de fa main, & figné Sabotier de Caftres.)

» On n'aime ici que les proceffions, les fermons & les
» meffes. Les gens qui ont eu la force de fecouer le joug
» des préjugés de l'enfance, du fanatifme & de l'erreur,
» en un mot, les hommes qui penfent bien n'ofent fe faire
» connaître, &c. &c.

Nous donnerons le refte fi cela lui fait plaifir.

Jugez maintenant lecteur, s'il fied bien à ce galand homme de traiter un fecrétaire d'une de nos Académies d'impie

& de scélérat, & d'en dire autant de nos littérateurs les plus illustres. On croit qu'il aura incessamment un bénéfice. Mais qu'elle récompense aura le censeur royal qui lui a fait obtenir une permission tacite de prêcher ainsi la vertu & le bon goût ?

On dit qu'il est tonsuré, & qu'étant bientôt élevé aux dignités de l'église il croira en Dieu, ne fût-ce que par reconnaissance. Car malgré son spinosisme, il saura qu'il n'y a point de société policée qui n'admette un Etre suprême, rémunérateur de la vertu & vengeur du crime. Nous le prions de se souvenir de ce vers de Mr. De Voltaire.

Si Dieu n'existait pas il faudrait l'inventer.

Ce philosophe écrivait il n'y a pas longtéms à un grand prince. C'est de tous les vers médiocres que j'ai jamais faits, le moins médiocre & celui dont je suis le moins mécontent.

Ajoutons que nous ne déférerons le Spinosa de Mr. l'abbé Sabotier que quand il sera nommé à quelque évêché. Car nous devons sauver les ames de ses diocésains.

(4) *L'abbé Guyon.* Auteur d'un libelle insipide contre notre auteur, intitulé l'oracle des philosophes.

(5) *L'angleviel*, dit *la Beaumelle*, autre écrivain de libelles aussi ridicules qu'affreux contre la cour. Il faut pardonner à notre auteur s'il n'a puni ces gredins qu'en imprimant leurs noms, en exposant simplement leurs calomnies.

(6) On a imprimé cinq ou six volumes des prétendues lettres de notre auteur. Cela n'est pas honnête. On en a falsifié plusieurs; cela est encor moins honnête : mais les éditeurs ont voulu gagner de l'argent.

(7) On a gliffé dans le recueil de fes ouvrages bien des morceaux qui ne font pas de lui ; comme une traduction des Apocriphes de Fabricius qui eft de Mr. Bigex ; un dialogue de Péricles & d'un Ruffe , fort eftimé , dont l'auteur eft Mr. Suard ; des vers fur la mort de Mlle. Lecouvreur , moins eftimés , commençans par ces vers.

> Quel contrafte frape mes yeux ?
> Melpomème ici défolée
> Elève avec l'aveu des dieux
> Un magnifique maufolée.

Cette pièce eft du Sr. Bonneval jadis précepteur chez Mr. De Montmartel. S'il a eu l'aveu des dieux , il n'a pas eu celui d'Apollon.

On trouve dans la collection des ouvrages de Mr. De V. de prétendus vers de Mr. Clairaut qui n'en fit jamais. Une pièce qui a pour titre , *les avantages de la raifon* , dans laquelle il n'y a ni raifon , ni rime. Une épître à Mlle. Salé qui eft de Mr. Thiriot. Une épître à l'abbé de Rotelin qui eft de Mr. de Formont. Des vers fur la mort de Made. Duchâtelet , dont nous ignorons l'auteur.

Des vers au duc d'Orléans régent qu'il n'a jamais faits.

Une Ode intitulée le vrai Dieu qui eft d'un Jéfuite nommé Lefèvre.

Une Epître de l'abbé de Grécour affez licentieufe qui commence par ces mots : *belle maman foyez l'arbitre.* Des vers au médecin Silva & à l'oculifte Gendron. Une réponfe à un Mr. de B , qui commence ainfi.

> Oui , mon cher B il eft l'ame du monde
> Sa chaleur le pénétre & fa clarté l'inonde.
> Effets d'une même action
> Sa plus belle production
> Eft cette lumiere éthérée.
> Dont Neuton le premier d'une main infpirée
> Sépara les couleurs par la refraction.

Les beaux vers ! & que les gens qui les attribuent à Mr
De V^e. ont le goût fin & que leur main eft infpirée !

Des vers à une prétendue Marquife de T. fur la philofophie de Neuton, dans lefquels on trouve cette élégante
tirade.

> Tout eft en mouvement. La terre eft fufpendue
> En atome léger nageant dans l'étendue.
> L'efpace ou plutôt Dieu dans fon immenfité
> Balance fur fon poids l'univers agité.
> Les travaux de la nuit, les phafes font prédites;
> Neuton des premiers mois retraça les orbites.

Et les éditeurs Suiffes qui ont imprimé ces bétifes venues
de Paris, ont l'affurance d'imprimer en notes que c'eft la
véritable leçon.

On a fait pourtant un recueil immenfe de ces fadaifes
barbares en trente-fix volumes in-octavo & en vingt-quatre
volumes in-quarto fans confulter jamais l'auteur, ce qui eft
auffi incroyable que vrai. Tant pis pour les libraires qui
ont ainfi deshonoré leur art & la litérature.

C'eft fur quoi l'auteur difait. On fait mon inventaire;
quoique je ne fois pas encor mort; & chacun y gliffe fes
meubles pour les vendre.

(8) *St. Didier.* Mr. Clément, & Mr. Sabotier ont imprimé que notre auteur avait pillé le poëme de la Henriade
d'un poëme intitulé Clovis, par Mr. St. Didier. Cela eft
encor peu honnête; car ce Clovis ne parut que trois ans
après la Henriade; mais une erreur de trois ans eft peu de
chofe.

Il en a échapé une de quinze ans à Mr. l'abbé Sabotier;
car il a imprimé que notre auteur avait pillé fon fiècle de
Louis XIV dans les annales politiques de l'abbé de St.

Pierre. Mais le siècle de Louis XIV fut imprimé pour la premiere fois en 1752, & le livre de l'abbé de St. Pierre en 1767. Surquoi un mauvais plaisant se souvenant mal à propos que Sabotier est le fils d'un bon perruquier de Cattres, chassé de chez son père, a écrit qu'il aurait dû plutôt faire des perruques pour l'auteur de la Henriade, que de le dépouiller cruellement de ses prétendus lauriers, & d'exposer sa tête octogenaire à la rigueur des saisons.

(9) *Clément.* Cet homme était venu de Dijon à Paris avec ses tragédies de Charle I. & de Médée. Il ne put venir à bout de les faire représenter, quoique Mr. de V. lui eut donné une lettre de recommandation pour Mr. De La Harpe. Il se fit folliculaire, & obtint d'un libraire quelque argent à compte sur ses satires à venir. Monsieur de St. Lambert donnait alors ses saisons, Mr. de Lille sa traduction de Virgile, Mr. Dorat son poëme sur la déclamation, Mr. Vatelet son poëme sur la peinture. Voilà l'écolier Clément qui se met vite à écrire contre ces maîtres de l'art & qui leur donne des leçons comme à des disciples dont il serait mécontent. S'il n'avait eu que ce ridicule on n'en aurait pas parlé, on ne l'aurait pas connu. Mais pour rendre ses leçons plus piquantes, il y mêla des traits personnels; il outrage une Dame respectable. Alors on sait qu'il existe, la police met mon pédant dans je ne sais quelle prison, soit Bicêtre, soit le Fort-l'Evêque. Mr. de St. Lambert a la générosité de solliciter sa grace, & d'obtenir son élargissement. Que fait le critique alors? il persuade qu'on ne lui à fait cette correction que pour avoir enseigné l'art d'écrire, pour avoir soutenu la cause d'un bon goût, qui sans lui allait expirer en France, & qu'il est comme Fréron victime de ses grands talents.

Sorti de prison il fait un nouveau libelle, dans lequel il insulte un Conseiller de Grand-Chambre fils d'un Magistrat de la Chambre des Comptes; il dit ingénieusement qu'il est fils d'un patissier; & ce magistrat a dédaigné de le faire remettre à Bicêtre. Il s'associe depuis à Fréron, à Sabotier & à d'autres gens de cette espèce. Il broche libelle sur libelle contre un vieillard solitaire, retiré depuis trente années, qu'on peut outrager impunément. Il avait écrit auparavant à ce même solitaire plusieurs lettres dont nous avons les originaux entre les mains. En voici un fragment.

» Jugez, Monsieur, si votre silence peut ne pas m'affliger. Peut-être hélas! vous êtes-vous imaginé que vous
» me verriez payer votre amitié, vos bien-faits par la
» plus noire ingratitude. Que je serais assez lâche, assez
» criminel, pour n'être pas plus reconnaissant que tant
» d'autres. Ah! Monsieur, ne me faites pas l'injure de
» soupçonner ainsi ma probité. C'est ce bien précieux que
» je voudrais délivrer de la contagion générale; vos soup-
» çons le flétriraient. Votre générosité, votre grandeur
» d'ame peuvent en conserver & en relever l'éclat. Ma
» tendresse, mon zèle, mon respect, voilà mes seuls
» biens; ils sont tous à vous, & ils y seront toujours &c.
» A Dijon ce 6e. Décembre 1769. Voici mon adresse, à
» Clément fils, chez son père procureur à Dijon, derrière
» les Minimes.

Il a eu depuis l'attention de désavouer cette lettre, & la probité de dire qu'elle était falsifiée. Nous la conservons pourtant, quoique ce ne soit pas une pièce bien curieuse: mais c'est toujours un témoignage subsistant de l'honneur que cette petite Cabale met dans sa conduite. C'est ce qui fesait dire à Mr. Duclos secrétaire de l'Académie, qu'il ne connaissait rien de plus méprisable & de plus méchant que la canaille de la littérature. On eſt bien loin de donner ce nom à Mr. Clément. Il faut eſpérer qu'il ſortira du bourbier où il s'eſt enfoncé, & qu'il aura un jour une conduite plus aprouvée des honnêtes gens.

(10) *Patouillet ſur Nonotte.* Patouillet eſt un ex-jéſuite ; lequel débitait, il y a quelques années, des déclamations de collège nommées mandemens pour des évêques qui ne pouvaient pas en faire. Il en débita un contre notre auteur & contre d'autres gens de lettres : c'eſt dommage qu'il ait été brûlé par la main du bourreau. Ce Patouillet était un des plus forts écrivains dans le genre calomnieux que nous ayons eut depuis Garaſſe.

(11) *Nonotte,* eſt un autre ex-jéſuite, digne compagnon de Patouillet. Il a fait deux gros volumes ſous le titre d'er‑ reurs de V.... & qu'il aurait pu intituler *erreurs de Nonotte.* Il commence par reprocher à l'auteur de l'*Eſſai ſur l'hiſtoi‑ re générale des mœurs & de l'eſprit des nations,* d'avoir dit que *l'ignorance chrétienne* regarde le règne des Empereurs romains comme une St. Barthelemi continuelle : & l'au‑ teur n'a point dit cela. Nonotte pour rendre odieux celui qu'il attaque, ajoute de ſa grace ce mot *chrétienne.* L'au‑ teur ne parle point là des autres Empereurs ; il parle du ſeul Dioclétien, que Galérius engagea à être perſécuteur, après dix-neuf ans d'un règne de douceur & de tolérance. Sur-quoi l'auteur avait remarqué la faute qu'ont faite tous les chronologiſtes de placer l'ère des Martirs la première année de ce règne : il la ſallait dater de l'an 303, & non de l'an 284.

Il fait dire à l'auteur que Dioclétien *ne punit que quel‑ ques chrétiens, qui étaient des hommes brouillons, emportés & faĉtieux.* L'auteur n'a pas dit un mot de cela, & n'a pu le dire. Il n'a pas affez oublié fa langue pour fe fervir de cette expreffion, *hommes brouillons.*

Nonotte accufe l'auteur d'avoir dit que Charlemagne n'é-tait qu'un heureux brigand. L'auteur n'a rien écrit de fem-blable. Ainfi voilà en deux pages trois calomnies dont ce bon Nonotte eft convaincu. Mr. Damilaville, l'un des plus favans coopérateurs de l'Encyclopédie, daigna prendre le foin de relever deux ou trois cent erreurs de Nonotte. Elles font imprimées à la fuite de l'*Effai fur les mœurs & l'efprit des nations.* Et Nonotte était tout étonné qu'on lui manquat ainfi de refpect; à lui qui avait eu l'honneur de prêcher dans un village de Franche-Comté, & de régenter en fixième. L'orgueil a du bon; & quand il eft foutenu par l'ignorance, il eft parfait.

Mais il aurait dû foupçonner qu'il n'eft plus permis dans ce fiècle de nier les crimes de Conftantin, & d'en impu-ter de ridicules à l'empereur Julien, le philofophe dont le feul crime fut de n'être pas chrétien. Il devait favoir que plus d'un roi de la première race eut plufieurs femmes à la fois. Il devait au moins s'en informer avant d'écrire. Lorf-qu on ne répond à un tel critique qu'en nommant l'auteur, on eft fans doute bien modéré.

(12) *René Defcartes.* On fait affez qu'il était excellent géomètre, mais que toute fa philofophie n'eft fondée que fur des chimères.

(13) On fait auffi que Malbranche s'eft entretenu fa-milierement avec le Verbe, quoique la première partie de fon livre fur les erreurs des fens & de l'imagination foit un chef-d'œuvre de philofophie.

LA TACTIQUE.

J'Étais, lundi paſſé, chez mon libraire Caille,
Qui dans ſon magaſin, n'a ſouvent rien qui vaille.
J'ai, dit-il, par bonheur, un ouvrage nouveau,
Néceſſaire aux humains, & ſage autant que beau:
C'eſt à l'étudier qu'il faut que l'on s'applique:
Il fait ſeul nos deſtins: prenez: c'eſt la Tactique.

    La Tactique, lui dis-je? hélas! juſqu'à préſent,
J'ignorais la valeur de ce mot ſi ſavant.

    Ce nom, répondit-il, venu de Grèce en France,
Veut dire le grand Art, ou l'Art par excellence:
Des plus nobles eſprits il remplit tous les vœux.

    J'achetai ſa Tactique; & je me crus heureux.
J'eſpérais trouver l'art de prolonger ma vie,
D'adoucir les chagrins dont elle eſt pourſuivie,
De cultiver mes goûts, d'être ſans paſſion,
D'aſſervir mes deſirs au joug de la raiſon,
D'être juſte envers tous, ſans jamais être dupe.
Je m'enferme chez moi; je lis; je ne m'occupe
Que d'apprendre par cœur un livre ſi divin.
Mes amis! c'était l'art d'égorger ſon prochain.

J'apprend qu'en Germanie autrefois un bon
    prêtre

Pétrit, pour s'amuſer, du ſoufre & du ſalpêtre;

Qu'un énorme boulet qu'on lance avec fracas,

Doit mirer un peu haut pour arriver plus bas;

Que d'un tube de bronze auſſi-tôt la mort vole

Dans la direction qui fait la parabole,

Et renverſe, en deux coups prudemment ménagés,

Cent automates bleus à la file rangés.

Mouſquet, poignard, épée, ou tranchante ou
    pointue,

Tout eſt bon, tout va bien, tout ſert, pourvu
    qu'on tue.

  L'auteur, bientôt après, peint des voleurs de
    nuit,

Qui dans un chemin creux ſans tambour & ſans
    bruit,

Diſcrètement chargés de ſabres & d'échelles,

Aſſaſſinent d'abord cinq ou ſix ſentinelles;

Puis, montant leſtement aux murs de la Cité,

Où les pauvres bourgeois dormaient en ſûreté,

Portent dans leurs logis le fer avec les flâmes,

Poignardent les maris, couchent avec les dames,

Ecraſent les enfans; & las de tant d'efforts

Boivent le vin d'autrui ſur des monceaux de morts.

Le lendemain matin on les mène à l'égliſe

Rendre grace au bon Dieu de leur noble entre-
　　　prife ;
Lui chanter en latin qu'il eft leur digne apui ;
Que , dans la ville en feu , l'on n'eût rien fait fans
　　　lui ;
Qu'on ne peut ni voler , ni violer fon monde ,
Ni maffacrer les gens , fi Dieu ne nous feconde.

　　Etrangement furpris de cet art fi vanté ,
Je cours chez monfieur Caille , encor épouvanté ;
Je lui rends fon volume , & lui dis en colère . . . .

　　Allez ;　de Belzébut déteftable libraire !
Portez votre Tactique au chevalier Dutot ;
Il fait marcher les Turcs au nom de Sabahoth.
C'eft lui qui , de canons couvrant les Dardanelles ,
A tuer les Chrétiens inftruit les infidéles.
Allez ; adreffez-vous à Monfieur Romanzof ,
Aux vainqueurs tout fanglans de Bender & d'Azof.
A FÉDÉRIC furtout offrez ce bel ouvrage ;
Et foyez convaincu qu'il en fait davantage :
Lucifer l'infpira bien mieux que votre auteur ;
Il eft maître-paffé dans cet arr deftructeur ;
Plus adroit meurtrier que GUSTAVE & qu'EUGENE.
Allez ; je ne crois pas que la nature humaine
Sortit (je ne fais quand) des mains du Créateur ,
Pour infulter ainfi l'éternel Bienfaicteur ,
Pour montrer tant de rage & tant d'extravagance.

L'homme avec ses dix doigts, sans armes, sans
   défense,
N'a point été formé pour abréger des jours
Que la nécessité rendait déjà si courts.
La goute avec sa craie ; & la glaire endurcie
Qui se forme en cailloux au fond de la vessie,
La fiévre, le catharre, & cent maux plus affreux,
Cent charlatans fourés, encor plus dangereux ;
Auraient suffi, sans doute, au malheur de la terre,
Sans que l'homme inventât ce grand art de la
   guerre.

  Je hais tous les héros, depuis le grand Cirus
Jusqu'à ce roi brillant qui forma Lentulus.
On a beau me vanter leur conduite admirable :
Je m'en suis loin d'eux tous ; & je les donne au
   diable.

  En m'expliquant ainsi, je vis que dans un coin
Un jeune curieux m'observait avec soin ;
Son habit d'ordonnance avait deux épaulettes,
De son grade à la guerre éclatans interprètes ;
Ses regards assurés, mais tranquilles & doux,
Annonçaient ses talens, sans marquer de cou-
   roux.
De la Tactique, enfin, c'était l'auteur lui-même.

  Je conçois, me dit-il, la répugnance extrême
Qu'un vieillard philosophe, ami du monde entier

Dans son cœur attendri se sent pour mon métier :
Il n'est pas fort humain, mais il est nécessaire.
L'homme est né bien méchant ; Caïn tua son frère.
Et nos frères les Huns, les Francs, les Visigoths,
Des bords du Tanaïs accourant à grands flots,
N'auraient point désolé les rives de la Seine,
Si nous avions mieux su la Tactique romaine.
Guerrier, né d'un guerrier, je professe aujourd'hui
L'art de garder son bien, non de voler autrui.
Eh quoi ! vous vous plaignez qu'on cherche à vous
    défendre !
Seriez-vous bien content qu'un Goth vînt mettre
    en cendre
Vos arbres, vos moissons, vos granges, vos châ-
    teaux ?
Il vous faut de bon chiens pour garder vos trou-
    peaux.
Il est (n'en doutez point) des guerres légitimes ;
Et tous les grands exploits ne sont pas de grands
    crimes.
Vous-même, à ce qu'on dit, vous chantiez au-
    trefois
Les généreux travaux de ce cher Béarnois ;
Il soutenait le droit de sa naissance auguste :
La ligue était coupable ; Henri quatre était juste.
    Mais sans vous retracer les faits de ce grand roi,

Ne vous souvient-il plus du jour de Fontenoi ?
Quand la colonne Anglaise avec ordre animée
Marchait à pas comptés à travers notre armée ?
Trop fortuné badaut !.... dans les murs de Paris,
Vous faisiez, en riant, la guerre aux beaux esprits ;
De la douce Gaussin le centième idolâtre,
Vous alliez la lorgner sur les bancs du théâtre ;
Et vous jugiez en paix les talens des acteurs.
Hélas ! qu'auriez-vous fait, vous & tous les au-
    teurs,
Qu'aurait fait tout Paris, si LOUIS, en personne,
N'eût passé le matin sur le pont de Calone ?
Et si tous vos Césars, à quatre sous par jour,
N'eussent bravé l'Anglais qui partit sans retour ?
Vous savez quel mortel, amoureux de la gloire,
Avec quatre canons ramena la victoire :
Ce fut au prix du sang du généreux Grammont,
Et du sage Luttaux, & du jeune Craon,
Que de vos beaux esprits les bruiantes cohues
Composaient les chansons qui couraient dans les
    rues ;
Ou qu'ils venaient gaîment, avec un ris malin :
Siffler Sémiramis, Mérope & l'Orphelin.
Ainsi que le dieu Mars Apollon prend les armes ;
L'église, le barreau, la cour ont leurs allarmes.
Au fond d'un galetas Clément & Sabotier

Font la guerre au bon sens sur des tas de papier.
Souffrez donc qu'un soldat prenne au moins la dé-
     fense
D'un art qui fit longtems la grandeur de la France,
Et qui des citoyens assure le repos.
    Monsieur Guibert se tut après ce long propos.
Moi, je me tus aussi, n'ayant rien à redire.
De la droite raison je sentis tout l'empire ;
Je conçus que la guerre, est le premier des arts,
Et que le peintre heureux des Bourbons des Ba-
     yards ,
En dictant leurs leçons , était digne peut-être
De commander déja dans l'art dont il est maître.
    Mais , je vous l'avouerai, je formais des souhaits
Pour que ce beau métier ne s'exerçât jamais ;
Et qu'enfin l'équité fit régner sur la terre
L'impraticable paix* de l'Abbé de Saint-Pierre.

---

* L'idée d'une paix perpétuelle entre tous les hommes , est plus chimérique sans-doute que le projet d'une
langue universelle. Il est trop vrai que la guerre est un fléau
contradictoire avec la nature humaine , & avec presque
toutes les religions ; & cependant un fléau aussi ancien que
cette nature humaine, & antérieur à toute religion. Il est
aussi difficile d'empêcher les hommes de se faire la guerre,
que d'empêcher les loups de manger des moutons.
    La guerre est quelque chose de si exécrable , que plus
nos nations barbares qui sont venues envahir, ensanglanter,
ravager toute notre Europe , se sont enfin un peu policées,

plus elles ont adouci les horreurs que la guerre traînait après elle.

Ce n'est point assurément l'ouvrage immense de Grotius sur le droit prétendu de la guerre & de la paix, qui a rendu les hommes moins féroces ; ce ne sont point ses citations de Carnéade, de Quintilien, de Porphire, d'Aristote, de Juvenal & du Pentateuque. Ce n'est point parce qu'après le déluge il fut défendu de manger les animaux avec leur ame & leur sang, comme le rapporte Barbeirac son commentateur. Ce n'est point, en un mot, par tous les argumens profondément frivoles de Grotius & de Puffendorf ; c'est uniquement parce qu'on ne voit plus parmi nous des hordes sauvages & affamées sortir de leur pays pour en aller détruire un autre. Nos peuples ne font plus la guerre. Des rois, des évèques, des électeurs, des sénateurs, des bourguemestres, ont un certain terrein à défendre. Des hommes qui sont leurs troupeaux, paissent dans ce terrein. Les maîtres ont pour eux la laine, le lait, la peau & les cornes, avec quoi ils entretiennent des chiens armés d'un colier pour garder le pré, & pour prendre celui du voisin dans l'occasion. Ces chiens se battent ; mais les moutons, les bœufs, les ânes ne se battent pas. Ils attendent patiemment la décision qui leur aprendra à quel maître leur lait, leur laine, leurs cornes, leur peau apartiendront.

Quand le prince Eugène assiégait Lille, les dames de la ville allèrent à la comédie pendant tout le siège. Et dès que la capitulation fut faite, le peuple paya tranquilement à l'empereur ce qu'il payait auparavant au roi de France. Point de pillage, point de massacre, point d'esclavage, comme du tems des Huns, des Alains, des Visigots, des Francs.

Le duc de Malborou fesait garder très-soigneusement tous les domaines de ce Fenelon archevêque de Cambrai, citoyen de toute l'Europe par son amour du genre humain ; amour plus dangereux peut-être à sa cour que son amour de Dieu.

Quand les français eurent remporté la célèbre victoire de Fontenoi, tous les habitans de Tournai & des environs s'empressèrent à loger chez eux les prisonniers blessés, tous eurent soin d'eux comme de leurs frères ; & les femmes prodiguèrent tant de délicatesses sur leurs tables, que les médecins & les chirurgiens furent obligés de modérer ce zèle devenu dangereux.

A Rosbac on vit le roi de Prusse lui-même acheter tout le linge d'un château voisin pour le service de nos blessés ; & quand il les eut fait guérir, il les renvoya sur leur parole, en disant, je ne puis m'accoutumer à verser le sang des français.

Quel humanité, quel belle ame le prince héréditaire de Brunsvic ne déploya-t-il pas, lorsqu'il reçut prisonnier à Crevelt ce comte de Gisors, ce fils du maréchal de Bellisle, cet espoir du royaume, ce jeune homme si valeureux, si instruit, si aimable. Le prince de Brunsvic ne sortit point d'auprès de son lit, & le baigna de larmes, en le voyant expirer entre ses bras. Il pleurait celui des français, auquel il ressemblait davantage.

Portons nos regards chez cette nation nouvelle qui naît tout d'un coup pour être l'émule des plus policées, & l'exemple des autres. Voyons un comte Alexis Orlof prendre un vaisseau turc chargé des femmes, des esclaves, des meubles, de l'or, de l'argent, des bijoux du plus riche pacha de la Turquie, & lui renvoyer tout à Constantinople. Ce même pacha, quelque tems après, commande un corps d'armée contre les russes ; il s'avance hors des rangs avec un interprête, & demande à parler. Avez-vous, dit-il, à votre tête un comte Orlof? — Non; que lui voudriez vous? me jetter à ses pieds, repliqua le turc.

Pouvons-nous rien ajouter à ces traits, sinon l'accueil ; les attentions nobles & délicates, les fêtes, les présents, les bienfaits que reçurent les prisonniers turcs dans Péters-bourg d'une Impératrice qui leur enseignait la guerre, la politesse & la générosité.

Nous ne voyons point de telles leçons dans Grotius. Il vous dit bien dans son chapitre du *Droit de ravager*, que les juifs étaient obligés de ravager au nom du Seigneur ; mais il ne trouve chez le peuple saint aucun trait qui res-semble aux exemples profanes que nous venons de raporter.

Voilà donc le dictame que l'humanité des grands cœurs répand sur les maux que fait la guerre. Mais ces consola-tions divines nous démontrent que la guerre est infernale.

F I N.

www.ingramcontent.com/pod-product-compliance
Lightning Source LLC
Chambersburg PA
CBHW051146260626
47170CB00005B/1974